世居少数民族系列

云南省社会科学界联合会 组编

"云南史话·世居少数民族系列"编委会

主　任　张瑞才
副主任　邹文红
委　员　
王文光	王峥嵘	刘　军	李保欣
李晓斌	孙峥嵘	杨五青	杨远梅
杨绍军	杨敬东	吴丽萍	肖才志
张富春	周智生	和文平	岳石林
周　霏	侯行辉	祝培荣	赵燕琴
袁国友	钱彦富	龚志龙	谢青松
游启道			

傣族史话

征 鹏 著

云南出版集团
云南人民出版社

图书在版编目（CIP）数据

傣族史话 / 征鹏著. -- 昆明：云南人民出版社，2021.12
（云南史话. 世居少数民族系列）
ISBN 978-7-222-20586-4

Ⅰ.①傣… Ⅱ.①征… Ⅲ.①傣族—民族历史—云南 Ⅳ.①K285.3

中国版本图书馆CIP数据核字(2021)第239089号

出 版 人：赵石定
统筹编辑：马维聪
责任编辑：张益珲
助理编辑：刘振芳
责任校对：张丽园
责任印制：代隆参
装帧设计：赵 丹

傣族史话
DAIZU SHIHUA

云南省社会科学界联合会　组编
征 鹏　著

出　版　云南出版集团　云南人民出版社
发　行　云南人民出版社
社　址　昆明市环城西路609号
邮　编　650034
网　址　http://ynpress.yunshow.com
E-mail　ynrms@sina.com
开　本　720mm*1010mm　1/32
印　张　8
字　数　100千
版　次　2021年12月第1版第1次印刷
印　刷　云南商奥印务有限公司
书　号　ISBN 978-7-222-20586-4
定　价　38.00元

如需购买图书、反馈意见，请与我社联系
总编室：0871-64109126　发行部：0871-64108507
审校部：0871-64164626　印制部：0871-64191534
版权所有　侵权必究　印装差错　负责调换

云南人民出版社公众微信号

总 序

七彩云南,气象万千。

这里东连黔桂,西邻缅甸,北靠川渝,南接越南、老挝,是祖国大陆通往南亚东南亚、出印度洋的枢纽和大通道。特殊的地理,悠久的历史,孕育了深厚的文化底蕴,创造了丰富多彩的灿烂文化,成为中华文化同南亚次大陆文化、东南亚文化交汇区域,是文化交汇、融合、多样性的现代范本。

这里山川纵横。横断山、哀牢山、无量山、云岭、乌蒙山等山系支撑起祖国西南辽阔的天空。这里碧水荡漾。滇池、洱海、抚仙湖、程海、泸沽湖、杞麓湖、异龙湖、星云湖、阳宗海等湖泊,像一颗颗璀璨的明珠,镶嵌在云南高原上。这里江河澎湃。金沙江、澜沧江、怒江、红河、南盘江、伊洛瓦底江等六大水系连通各民族共同的家园。这里是植物王国、动物王国、有色金属王国；这里气候温和、四季如春，是世界花园。

这里历史悠久。元谋人从170万年前的远古走来。战国中晚期庄蹻入滇，第一次连接了楚文化与滇文化。秦开五尺道、汉习楼船，云南正式纳入祖国版图。唐宋时期，南诏、大理国文化彪炳史册。元初正式建立行省。明清时期，云南经济社会得到长足发展。20世纪初，云南各族人民打响了护国起义第一枪，巩固了辛亥革命成果。在抗日战争中，几十万云南各族儿女征战沙场，扬我国威！西南联合大学谱写了世界教育史上的奇迹。

在这片红土地上，传承着红色文化基因。走出了王复生、王德三等早期马克思主义播火者；走出了无产阶级军事家罗炳辉，《中华人民共和国国歌》的作曲者聂耳，马克思主义大众化的中国第一人、我们党思想理论战线忠诚的战士和学者艾思奇。20世纪30年代，毛泽东率领中国工农红军长征过云南,播下了革命火种。40年代后期,中国共产党领导下的滇桂黔边纵队与中国人民解放军,在极端艰难困苦的条件下英勇作战,迎来了新中国的诞生!

这一切,催生了一系列独具特色的历史文化:史前文化、古滇文化、哀牢文化、爨文化、南诏文化、移民文化、护国文化、抗战文化、西南联大文化、红色文化,等等。

这里是民族文化的富聚区,民族文化多样性的活态博物馆。25个世居少数民族中有15个特有少数民族,16个民族跨境而居。民族文化丰富多彩、博大精深、底蕴深厚、特色鲜明。如彝族的毕摩文化,汉传、藏传、南传上座部佛教文化,傣族的贝叶文化,纳西族的东巴文化,哈尼族的梯田文化,等等,还有各种各具特色的丧葬、婚姻、服饰、建筑、节日、歌舞、生态等文化形态。此外还有各民族长期以来相互交融、相互学习、共同发展而产生的综合性文化,如茶文化、医药文化、烟草文化、驿道文化、青铜文化、石刻文化等,异彩纷呈,不胜枚举。

云南各民族优秀文化是中华文化的重要组成部分，是中华文化的瑰宝，是中华民族文化大花园中的奇葩！在长期的历史发展中，在红土高原上，形成独具特色的历史文化、地域文化、民族文化，其突出特点是多样形态、多元一体、和谐共生。各种文化，相互交融。佛教文化、基督教文化和伊斯兰文化并存（即使在同一宗教内，不同派别也和睦相处，如同为佛教，藏传佛教、南传上座部佛教和汉传佛教，亲密无间）、儒释道文化并存、原生态文化与现代文化并存、多民族文化并存。

在经济全球化、文化经济化、经济文化一体化的今天，文化既是社会生活方式，更是一种社会生产力，是各民族共同的精神家园。在中国特色社会主义进入新时代的历史条件下，深刻认识文化的作用，把精神的力量转化为物质的力量，把文化的软实力转化为高质量发展的硬实力。

"观乎天文，以察时变；观乎人文，以化成天下。"（《易经·贲卦》）习近平总书记指出："我们要坚持道路自信、理论自信、制度自信，最根本的还有一个文化自信。""要坚定文化自信,推动社会主义文化繁荣兴盛。""没有高度的文化自信,没有文化的繁荣兴盛,就没有中华民族伟大复兴。要坚持中国特色社会主义文化发展道路,激发全民族文化创新创造活力,建设社会主义文化强国。"这是党中央赋予我们这一代哲学社会科学工作者的历史使命!承担起新时代这一历史使命,必须在新的实践基础上,用中国特色社会主义文化引领,推动文化的创新发展;必须深入挖掘传统文化资源,从中吸取历史智慧,引导云南各族人民树立正确的历史观、民族观、国家观、文化观,推动传统文化创造性转化、创新性发展;还必须为各族人民提供丰富的精神食粮,不断满足人民对美好文化生活的新期待。

古人云:"虑不远不足以图大功,功不大不足以传永世。"云南省社科联为贯彻落实党中央关于繁荣发展哲学社会科学的重要部署,传承弘扬云南优秀传统文化,坚定各族干部群众文化自信,决定组织全省有关专家学者编撰出版"云南史话"系列丛书,分别为地方系列、民族系列、特色县市系列、民族文化艺术系列、重大历史事件系列5个部分,每套丛书出版20种,共计100种。这是一项规模宏大的系统工程,计划用5年左右时间完成。通过本套丛书,我们将深入挖掘云南文化宝贵资源,认真梳理云南文化发展脉络,总结云南文化发展的特点及其规律,讲好云南文化故事,把云南历史讲明白,把云南文化讲精彩,把云南文明讲透彻,把云南经验讲深刻,使云南各族人民能够从历史中吸取智慧,从文化中获得自信,从文明中得到滋养,从经验中得到启迪,以期为增强文化自觉、坚定文化自信、正确认识和把握云南在全国发展大局中的地位和作用,立足新发展阶段、贯彻新发展理念、构建新发展格局,开创云南高质量发展的新局面,不断把习近平总书记为我们擘画的蓝图一步步变为美好现实,谱写好中国梦的云南篇章。

是为序。

云南省社科联党组书记、主席 张瑞才
2021年2月

目　录

第一章　话说傣族历史/1

汉文史籍中的傣族/1

傣文史籍记载的傣族历史/8

从傣历的使用研究傣族历史/13

政权建置的变迁/17

第二章　傣族封建领主制/25

傣族封建领主制的产生/25

傣族封建领主的政治制度/31

延续八百年的封建领主制/47

第三章　傣族支系的形成及迁徙/52

傣族的基本情况/52

· 1 ·

傣族支系及其特征/58

傣族的迁徙/68

第四章 生机盎然的绿色产业/78

粮食生产的稳定发展/78

橡胶种植业的兴起/85

普洱茶乡更辉煌/93

蔗糖产业富了傣家/104

森林覆盖率不断上升/106

第五章 工交商贸信息欣欣向荣/110

工业、信息的腾飞/110

水陆空一体的交通网络/113

商业贸易生机盎然/122

方兴未艾的旅游业/132

第六章 民族文化特色浓郁/137

教教合一的傣族教育/137

傣族的文化艺术/144

文化保护与"非遗"/170

新闻出版/170

第七章　傣乡的医疗卫生事业/176

昔日的"瘴疠之区"/176

扫除"瘴疠"人康乐/178

傣医傣药挖掘整理有新突破/184

南药引种研究有新进展/189

第八章　傣族的宗教信仰/195

对民间宗教的信仰/195

信奉南传上座部佛教/205

对伊斯兰教和基督教的信奉/215

第九章　绚丽多彩的民族风情/217

饶有风趣的婚姻与家庭/217

值得倡导的丧葬习俗/225

傣族的人名姓氏/228

风味独特的傣菜/232

参考文献/237

第一章　话说傣族历史

傣族是中华民族大家庭的一员,具有悠久的历史和灿烂的文化。

汉文史籍中的傣族

据《史记·大宛列传》记载:"昆明之属无君长,善寇盗,辄杀略汉使,终莫得通。然闻其西可千余里有乘象国,名曰滇越,……"文中的"昆明",不是指当今的昆明市,而是指从氐羌族系分化出来的"昆明人"或"昆明族",包括今天的白族、彝族、哈尼族等,当时"昆明人"居住的是今大理州洱海一带。从大理往西一千多里的地方,当是今日的德宏傣族景颇族自治州、腾冲市和缅甸北部地区。"滇越"是百越人的一支,是居住在云南的越人。"百越（粤）"诞生于古代中国长江、珠江、澜沧江、怒江流域地区。其语言相通，文化背景相同，但支系繁多，称呼不一，如：于越、杨越、南越、闽越、骆越、山越、夷越、滇越等。分布区域也很广。《汉书·臣赞注》说："自交趾至会稽七八千里，百粤杂处，各有种姓。"交趾位于今越南北部，会稽位于今浙江绍兴。虽不能说整个"百越"是傣族的先民，但可以说"滇越"是傣族的先民。傣族自古自称为"傣"，但汉文中没有"傣"字，"傣"与"滇"音相近。从语言文化、生活习俗和出土文物来分析，不难看出，傣族就是"滇越"的后裔。这是汉文史籍中较早反映傣族先民的记载。在汉代以前，尚未发现有关傣族先民的记载。

"滇越"又有"乘象国"之称。傣族先民地处热带、亚热带，大象是这里的特产动物之一。傣族先民把森林里的野象捕捉来驯养，使其成为人们乘骑、运输、蹈田、打仗的工具，于是学者们便把普遍役使大象的地方称为"乘象国"。

第一章 话说傣族历史

汉代学者除将傣族先民称为"滇""滇越"以外,又称其为"掸"。虽然分布极广,但"掸"族均将大象作为交通、运输、耕田、打仗的工具。

唐代的学者根据傣族先民喜欢用金片、银片来镶牙、漆齿的习惯以及喜欢文身和着白衣的特点,将傣族称为金齿蛮、银齿蛮、黑齿蛮、绣面蛮、绣脚蛮、百夷、白衣、僚等。樊绰在《蛮书》中说:"黑齿蛮、银齿蛮、金齿蛮、绣脚蛮、绣面蛮,并在永昌、开南,杂类种也。""茫蛮部落,并是开南杂种也。茫是其君之号,蛮呼茫诏。"又云:"开南以南养象,大于水牛,一家数头养之,代牛耕也。""永昌"即今之保山,"开南"即今景东。"开南以南"即景东以南的西双版纳、普洱、临沧、孟连等地。"茫"即今日傣语之"勐""芒",如勐海、芒市,意为地区。"茫蛮"是这一地区的傣族部落之一;"茫诏"即一勐之主"召勐"或指部落酋长。

傣族先民的一个特点是剪发文身,这与百越族群的其他支系相同。这方面汉文史籍中多有记载。如：

《战国策·赵策》云："披发文身，错臂左衽，瓯越之民也；墨齿雕题，鳀冠秫缝，大吴之国也。"

《墨子·公孟》云："越王勾践，剪发文身。"赫赫有名的勾践如此，何况是其他人呢。

《索隐》引用刘氏的话说："今珠崖儋耳谓之瓯人……断发文身，避龙。"

《史记·赵世家》云："夫剪发文身，错臂左衽，瓯越之民也。"

《汉书·地理志》云："今之苍梧、郁林、合浦、交趾、九真、南海、日南，皆粤分也……文身断发，以避蛟龙之害。"

《云南志略》云："金齿百夷……男子文身，去髭须髻眉睫""纹其面者谓之绣面蛮，绣其足者谓之花脚蛮。"

《百夷传》云："官民髡首黳足。有不髡者，则酋长杀之；不黳足者，则众皆嗤之，曰妇人也，非百夷各类也。"

第一章　话说傣族历史

傣族先民和百越其他族系的人之所以要剪发文身，《淮南子》作了很好的回答："于越生葛絺……九嶷之南，陆事寡而水事众，于是人民披发文身，以像鳞虫；短绻不绔，以便涉游；短袂攘卷，以便刺舟。"高诱对这段文字注释说："披，剪也；文身，刻画其体内，黥其中，为蛟龙之状，以入水，蛟龙不伤也。"

汉文史籍中关于傣族居住的"干栏式"建筑的记载也不少。据河姆渡出土的"干栏式"建筑文物推算，这种建筑物的出现至今已有七千多年的历史，是古代百越族群的住宅，分布极广。这种形式的建筑在原来百越族群分布的地区大部分已消失，唯有中国云南的傣族，泰国的泰族，老挝的老族和缅甸的掸族，这些越人的后裔完整地保存了百越文化。

"干栏"，就是指高出地面的房子，其底部安置在以竹木为立柱的底架之上，被称为竹楼或木楼，日本人和湖南人则称之为"吊脚楼"。在早期的汉文史籍中，曾将这种建筑称为高栏、阁栏、葛栏、栅居、巢居等。"干栏"一名是从《魏书》开始出现的。《魏书》卷一〇一云："依树积木，以居其上，名曰干栏。"《博物志》卷一云："南越巢居，北溯穴居，避寒暑也。"《岭外代答》卷四云："结栅以居，上设茅屋，下豢牛豕。"

《百夷传》云："驿路无邮亭，一里半里构一小楼，五人坐守，虽远千里，报在旦夕。公廨与民居无异，虽宣慰府，亦楼房数十而已。制甚鄙猥，以草覆之，无陶瓦之设。头目小民，皆以竹为楼。"

从农耕文化、饮食起居到宗教信仰、生活习俗等，汉代史籍对傣族先民都有记载，说明傣族是滇越的后裔，它源远流长的历史、文化与中华文明史是一致的。

从考古资料上来看，傣族的历史也是悠久的。古时傣族聚居的元谋出土的元谋人，至今已有170万年的历史，具有浓厚的百越人种的外貌特征；元江它克岩画内容、生活环境，具有农耕民族的特点，距今已有3000多年的历史；元江出土

第一章 话说傣族历史

的铜鼓上绘制的花纹,是傣族传统织锦的花纹;晋宁山出土的滇国纺织贮贝器上,也有傣族先民的纺纱织布的图像。

二十世纪五六十年代,考古工作者在昆明滇池、景洪、勐腊、德宏、景东、孟连等地和其他省、自治区发掘出的新石器时代的有肩石斧、有段石砗、印纹陶、铜鼓等文物,以及在泰国班清、北碧、黎府等地近年来出土的大量石器、青铜器等文物说明,傣、泰(掸)语各族的先民,远古时就在川南、黔西南、桂、滇西南和伊洛瓦底江上游至印度曼尼坡的弧形地带休养生息。

印纹陶、有肩石斧、有段石砗是原始社会百越文化的典型器物,凡是有百越人分布的浙江、福建、江西、广东、台湾、香港等地,均有印纹陶和有肩石斧、有段石砗出土。洱海一带的下关、大理、宾川、祥云、洱源;楚雄市的元谋、姚安、永仁、禄丰;玉溪市的新平、元江;红河州的绿春、红河、金平;澜沧江中上游的云县、景东、澜沧、保山、福贡等县境;澜沧江下游的景洪、勐腊、孟连等地；滇池周边的昆明、安宁、呈贡、晋宁、安宁、江川；滇东北的鲁甸、大关、绥江等地，均有形制相同的印纹陶、有肩石斧和有段石砗等文物出土。

傣文史籍记载的傣族历史

傣族是个有语言文字的民族。他们用傣文记录了人类及地球产生的神话、传说、故事，如：长篇创世史诗《巴塔麻嘎捧尚罗》；神话《布桑改雅桑改创造人类》、《捧尚罗》（意为创世的神），有的叫《英帕雅①开天辟地》，有的叫《帕雅布岭法》（意为造天地的帕雅）；神话《鸟姑娘》、《雀姑娘》、《定天镇地神象》、《神象的女儿》等；关于傣族迁徙的传说《帕雅拉武追金鹿》、《渤西双邦》（意为十二部落）、《细西细佐召》（意为四十四代傣王）、《帕沙坦》等。各勐均有本勐的地方志和记载历代召勐（土司）世袭

---

① 原意译为"英叭"，不准确，故改为"英帕雅"。

第一章　话说傣族历史

的傣文手抄本。德宏州及其各县，以及耿马、双江、孟连、景谷等地也有此类的傣文手抄本。

神话《英帕雅开天辟地》说：很古很古的时候，没有天地，没有万物，太空中滚动着茫茫的气体、烟雾。不知又过了多少年，气体夹着烟雾，狂风猛吹着气体，这三样东西组合在一起，凝结成一个圆球。其余的气体、烟雾和狂风，在滚动中又组合在一起，凝结成一个巨大的人形。这个人形就是后来开天辟地的祖神英帕雅。他胡须满脸，以气体和云雾为食，能腾云驾雾，寿命长达14000亿岁。他看见太空中飘着一个黑色的圆球，心中暗想：太空的最下层还有什么物体呢？他往下一看，只见太空底下是一望无际的海水，海水被烟雾翻卷着，那个黑色的小圆球显得更小了，它就像黑葫芦一样，飘动在水波和雾气之上。他又看见大海里有一条巨大的神鱼，它鳞光闪闪，耀眼异常。英帕雅看着那黑色的圆球说："我要开创天地，要让大地稳定在大海中，不让它沉没和冲散。"说罢，他用力搓动身上的污垢，顷刻间，他的污垢就像山崩似的滚落下来。他将污垢糊在那黑色的圆球上，使其糅合在一起。当污垢和圆球凝结好后，他对圆球说："让我的这个污垢圆体无限地扩大吧！"他的话音刚落，污垢圆体便慢慢地扩大，形成了一个巨大的圆体，它就是后来人类和万物居住的地球。

英帕雅完成了开天辟地的业绩后，从天空往下一看，地上是光秃秃的，什么都没有，又搓下身上的污垢，捏成两个与自己有同样高超本事的神，男神叫布桑改，女神叫雅桑改，让他俩结成夫妻，并交给他们一个仙葫芦，让他们到地球上开创万物。夫妻二神来到地球后，把仙葫芦破开，把葫芦子散在地上，大地上立即长出各种花草树木，也有了各种飞禽走兽，有了各种昆虫和鱼虾，但还没有人。于是夫妇二神就用黄泥巴捏造人类，布桑改捏的是男人，雅桑改捏的是女人。他们捏好之后，各吹了一口仙气，两个泥人便活了起来。夫妇二神又教他们说话、做事，并让他俩结为夫妻，生儿育女，于是就有了人类。

第一章 话说傣族历史

《定天镇地神象》的神话十分有趣,说的是英帕雅开天辟地时,所开创出来的大地摇来晃去,漂浮在大海之上。为了让大地稳定下来,英帕雅又搓下身上的污垢,捏成一个大神架。孰料,神架一落到大海里,就变成了一头神象,它高大威武,两颗牙齿如同两棵大树。象鼻子能伸到海底,四只象腿如同四棵神柱立于大海之中,使得天地不再漂浮晃动了。

《渤西双邦》是一部用傣渤文记载的重要的傣族史籍,它记载了中国南北朝时期(约公元420年至589年间)傣族先民居住地区出现的"渤西双邦",其邦名为邦荒、邦帕、邦罕、邦洛、邦绍、邦黑、邦兰、邦莫、邦莱、邦盖、邦陇、邦赖。其境域在今西双版纳一带。先后有13个傣王执政。其首任傣王为召苏晚纳罕绍。该境亦称"勐渤",其邦主亦称"勐渤王"。"渤西双邦"时期正是傣族先民从农村公社向阶级社会过渡的时期。该文献对这一时期的13个傣王如何继位、执政做了较详细的记载。

《细西细佐召》是流传甚广的傣王召片领世袭傣文史籍,由于是手抄本,故有许多版本,有的版本只有35代召片领,李拂一译著的《泐史》是其中的一本手抄本,记有38代召片领世袭的经过。在翻译中,他把傣族首领帕雅真(他译作叭真)入主勐泐的时间写成祖腊历542年(1180年),误把国名译为"景陇金殿国",其实这一国名傣族史书和东南亚史籍是查不到的,我认为他是把"贺罕召勐景洪"(意为景洪王金殿)误译为"景陇金殿国"了。这也不奇怪,因为傣文手抄本版本多,他只找到了其中的一本,再说那时通晓傣汉文字的人并不多,个别地方译错也在所难免。

从1953年至1965年间,西双版纳州政协从各勐的傣族民间收集到了13个版本的《细西细佐召》,1985年至1987年间组织政协委员和傣族知识分子对这13个版本的召片领(宣慰使)世袭的傣文史料进行比较研究,从中选出一本较完整、差错较少的版本进行翻译、研究,将从1160年至

第一章 话说傣族历史

1950年初相继世袭的44个傣王（召片领、宣慰使）修正为41代（因其中有3名未经中央朝廷任命的傣王不在此列）；将帕雅真入主勐泐的时间修正为1160年（1180年是其卒年）；将帕雅真建立的国名修正为"勐泐王国"，1987年4月以《车里宣慰世袭简史》为书名由内部出版。书中收有25张珍贵的照片，其中有朝廷颁发的官服、大印。1992年该书译成傣泐文，由云南民族出版社出版发行。此后，又有李拂一的《车里宣慰世系考订》、朱德普的《泐史研究》、高立士的《西双版纳召片领世系译注》、刀永明的《西双版纳召片领世系集解》出版。

《泐史》和《车里宣慰世袭简史》等，是研究西双版纳傣族历史和宣慰世袭重要的文献。

从傣历的使用研究傣族历史

张公瑾在《傣族历法述略》中指出："傣历体系是傣族固有文化的一个重要组成部分。傣历的悠久历史和已经达到的科学水平，说明傣族是一个有着悠久历史和文化的民族。"

历法是人类在社会生产、生活中产生用以编排时间的方法。有了历法，人类就可以正常地生产、生活了，何时应播种什么农作物，何时收获，就能做到成竹在胸，就能做到有种有收，颗粒归仓，不至于误了农时，遭受损失。历法的产生和不断修改、完善，是人类文明进步的标志。

傣族的历法，一般人知道的仅仅是现行的傣历"祖腊萨哈"（简称"祖腊历"），又称小历，它诞生于公元638年，至2020年已有1382年的历史。历法是人类文明的标志。人类、民族是产生于历法之前若干万年的，有了人类之后，经过数万年的生产生活，才逐渐有了文字、数字和历法。人类、民族和历法是绝对不会同时产生的，这是基本常识。翻开人类历史，谁发现原始社会就有历法，原始人会按时播种、栽秧、收获吗？其实，傣族使用的历法，也不只是"祖腊萨哈"一个历法，在此之前，还曾经使用过3个历法："波腊萨哈历"，是傣族最早使用的历法，产生于

第一章 话说傣族历史

公元前963年。"菩塔萨哈"（佛历）是傣族使用的第二个历法。"波腊纳萨哈"使用420年后，即改用佛历。佛历使用622年后即停止使用（佛寺及佛教界仍继续使用），改用"当补腊萨哈"历。此历使用560年后即改用现行傣历"祖腊萨哈"。将4个历法使用的时间相加，至2020年已有2984年。说明早在公元前964年，傣族已开始使用历法。

祖腊历是一种阴阳合历，它以太阳运行周期和月亮的圆缺周期为1年，由于回归年不是朔望月的整数倍，每年要比12个月多出11天，于是采取每隔两三年设置1个闰月（即每隔19年置7个闰月）的办法，把多出的天数加进去，使回归年和朔望月协调一致。汉族的农历、藏族的藏历就是这样的阴阳合历。

祖腊历的特点是：年是阳历年，月是阴历月。它以太阳在黄道上进入白羊宫宫首到下一次再到白羊宫宫首为1周年，故岁首不固定在1月1日，也没有固定的日子，每年后推约11天（一般是在

6月6日与7月6日之间推移)。这说明祖腊历的元旦是以太阳运行的位置来决定的,其岁首与月亮圆缺变化无关;此历的8月一般是29天,隔数年有1次30天,称"8月满"。这一天是因为太阳运行19年之后回到原来的地方比起它19年加7个闰月的总日数还要多出三天半多一点。这些多出来的时间须在19年中分配下去,故只得每隔四五年设置一个"8月满",把差数弥补起来。祖腊历的月是阴历月,即以月亮的一个圆缺周期为1个月,双月29天,单月30天,大小月相间,除8月外,其他月份的天数固定不变;重望不重朔,月圆之日是15日。由于大小月相间,初一不一定是日、月合朔之日,历法上称为"平朔"。汉族的农历以合朔之日为初一。由于农历与祖腊历在这一点上不同,故在每月的日序上常有1天之差。如:农历的初一,祖腊历有时是月终的晦日,有时是初二。祖腊历闰月固定在9月,仍为30天,也是19年置7闰。何年置闰月与农历有1年之差。

第一章 话说傣族历史

从4个历法的产生和应用以及现行傣历的科学性和实用性来看,傣族是一个历史悠久、文化灿烂的民族。

政权建置的变迁

傣族社会的发展,基本上是符合马克思主义关于人类社会发展的学说的。但傣族社会的发展也有它独特的一面,即原始社会、封建领主社会特点明显,奴隶社会特点不明显。许多学者认为傣族地区没有奴隶制,倘若有,充其量也只是家庭奴隶制,不存在一个奴隶主拥有大批奴隶并买卖奴隶、强迫奴隶劳动甚至残杀奴隶的现象。傣族地区的封建领主制,也不像内地汉族地区的封建制那样:地主占有大片的土地,而农民没有土地,只有租种地主的土地,遭受残酷的封建剥削。新中国建立之前,部分傣族地区已出现了地主经济,但不能说傣族地区经济是地主经济,傣族社会是封建社会。除了德宏和其他一些地区开始出现资本主义的萌芽以外,傣族地区并没有进入资本主义社会。严格说来,傣族社会只经历了3个阶段,即:原始社会—封建领主社会—社会主义初级阶段。

在这漫长的历史时期,傣族社会在发展,不同的朝代、不同的政权也在不断地变化、更迭,西双版纳的名称也不断地变化。从这些变化中可以了解到傣族社会的发展和历史的变迁,其变迁的路线图是:原始社会—泐西双邦—勐泐王国—车里宣慰司—西双版纳—普思沿边行政总局(普思殖边督办公署)—车、佛、南、镇—西双版纳傣族自治州。

在"泐西双邦"的末期,由于阶级分化的出现,为了争夺土地、山林、水源,各部落之间不断爆发战争。祖腊历522年(1160年),傣族首领帕雅真①率领部属进入勐泐,先后征服艾兰等部落,建立了勐泐王国,拥天朝皇帝为共主。南宋皇帝乃赐予仪仗武器、服饰等物,并派使者至

---

① 李拂一译著的《泐史》写作"叭真"。

第一章　话说傣族历史

勐泐颁发虎头金印，命为一方之主，称为勐泐王国"至尊佛主"。从此西双版纳傣族地区进入封建领主社会，帕雅真既是勐泐王国的国王，也是这一地区傣族封建领主政权的第一任召片领（意为广大土地之主）。

据《元史·步鲁合答传》记载：公元1292年，步鲁合答率军从征八百媳妇大甸，1296年在车里（景洪）设立"彻里军民总管府"，管辖今西双版纳一带。1325年，元朝重建车里军民总管府，1327年，又改设为"彻里军民宣慰司。"勐泐一带从此推行土司制度，召片领既是傣族最高的封建领主，又是车里宣慰司的宣慰使，官居从三品。从此车里①、勐泐之名并存。

明朝继续推行元朝的土司制度。1382年，明廷改车里军民宣慰司为"车里军民府"，明太祖朱元璋封第九世召片领刀坎勐为知府。1384年，

---

① 据考证，车里一名为蒙古语，意为"神秘的远方"。

刀坎勐派其子彪裴法赴南京向明帝进贡方物,明太祖将文绮、钞锭、冠带赐予召坎勐。同年8月,明廷将车里军民府改为"车里军民宣慰使司",明太祖封召坎勐为宣慰使。

除了车里宣慰司外,明朝在这时期设立的宣慰司和宣抚司有:缅甸宣慰司、孟养(缅甸)宣慰司、八百大甸(泰国北部)宣慰司、木邦宣慰司、老挝宣慰司;陇川宣抚司、南甸宣抚司、干崖(盈江)宣抚司,统称为"三宣六慰"。宣慰使为三品官,宣抚使为四品官。又相继在许多傣族地区设立了安抚司,安抚使为五品官。不久,明朝又在今瑞丽一带建立了"麓川宣慰司"。

据《泐史》记载:1582年[①],第二十三任召片领召应勐将辖区划分为12个提供封建负担的行政单位——版纳,即:版纳景陇(景洪)、勐罕;版纳勐遮、景鲁、勐翁;版纳勐龙;版纳勐混、

---

① 李拂一译著的《泐史》写成1570年,经多方查证和比较研究,修正为公元1582年(傣族祖腊历944年)。

第一章　话说傣族历史

勐版；版纳勐真、勐海、勐阿；版纳景洛、勐满、勐昂、朗妄、勐康；版纳勐腊、勐伴；版纳普腾、勐旺；版纳勐拉、勐往；版纳勐捧、勐润、勐满；版纳勐乌、乌德；版纳整董、倚邦、易武，派遣12个亲信大臣分别去管理，并以"版纳"为单位收取租税，并为其王妃嫡苏晚纳巴都玛备办回缅省亲的礼物。因为每个"版纳"有1000块稻田，12个"版纳"就是12000块稻田，这便是西双版纳名称的由来，从此，西双版纳、车里、勐泐名称并存。

1894年，中日甲午战争爆发，清政府战败。根据中日《马关条约》，中国割让台湾全岛、澎湖列岛和辽东半岛给日本；赔偿日本军费2亿两白银。1895年，俄国、德国、法国感到日本在甲午战争中获利太多，决定干涉这一事件，"劝告"日本将辽东半岛归还给中国，其条件是中国增加赔偿数额。在清政府增加赔款数额后，日本将辽东半岛归还给了中国。法国自恃"劝说"日本将辽东半岛归还给中国"有功"，强迫清政府重新划定中法（当时老挝为法国殖民地）边界，要求将西双版纳的勐乌、乌德等地划归法属老挝。1896年办完了交地手续。从此，西双版纳永远失去了版纳勐乌、乌德，只有11个版纳了。

1908年至1910年，勐海土司与三个侄子因继位问题发生战争，勐遮土司刀正经介入并反对车里宣慰司统治，赶走宣慰使刀承恩派去调解的土练，焚烧勐海商场，劫掠汉商财物。云贵总督李经羲接报后，立派镇守河口滇越铁路下段的巡防营管带柯树勋率部属三百多名官兵来到西双版纳，协助车里宣慰司武装，平定了此次叛乱。1913年1月，民国政府在西双版纳设立普思沿边行政总局，隶属普洱道。总局下设车里、勐遮、勐海、勐龙、勐腊、易武、普文、关房8区，并设立区行政分局。1925年，将普思沿边行政总局改为普思殖边督办公署，各区行政分局改为殖边分署。

1927年，民国政府在西双版纳实行县治，将督办署下属的8个区改为车里、五福（1934年改称南峤）、佛海、镇越、象明、普文、庐山

（1929年改为六顺县）7县和临江行政公署（1929年改为宁江设治局）。

1950年2月,西双版纳全境解放。在中国共产党的领导下,在车里、佛海、南峤、镇越4个县（象明、普文、六顺、宁江有的并入其他县,有的并入普洱地区）建立了县人民政府,隶属普洱行政专员公署。1953年1月23日,西双版纳傣族自治区成立,云南省委、省政府报请中央和国务院批准,将西双版纳辖区重新划分为12个版纳,即：版纳景洪、勐养、勐龙、勐旺、勐海、勐混、勐遮、勐阿、西定、勐腊、勐捧、易武。1955年6月,根据国家宪法规定,自治区改名为西双版纳傣族自治州。

1957年7月22日,国务院第64次会议通过批准云南省人民政府关于把西双版纳傣族自治州的12个版纳合并为景洪、勐遮、勐海、易武、勐腊5个县级版纳的报告。

1959年7月30日,又将5个县级版纳合并为景洪、勐海、勐腊3县,归西双版纳傣族自治州领导。

　　从西双版纳历史发展的轨迹和政权建置的变化,可以看出傣族是从原始社会—阶级社会—社会主义初级阶段走来的。无论社会怎样变化,政权怎样更迭,傣族人民始终无怨无悔地生活在这里,坚守着祖国神圣的领土。

第二章　傣族封建领主制

早在勐泐王国初期,西双版纳傣族封建领主制已产生,并得到了较快的发展。

傣族封建领主制的产生

一、分封、采邑制的出现

据《车里宣慰世系简史》记载:勐泐王国国王帕雅真对其四个儿子都进行了分封,长子劳忍冷,封食邑勐兰纳(今泰国清迈一带);次子岩崩,封食邑勐交景莱(今越南勐交);三子衣坎冷,封食邑允尖(今老挝万象);四子桑凯冷,留在父亲身边,后继父位为第二世勐泐王。分封食邑的出现,是封建领主制产生的标志。当第三世勐泐王继位时，宋孝宗皇帝册封其为勐泐王，赐予虎符金印，规定勐泐王国对宋朝廷需"五年一小贡，九年一大贡"，并派遣使者前来祝贺。自帕雅真之后，分封食邑制就一直沿袭下来，此后爆发的一场场规模不同的战争，其目的都是为了掠夺土地，扩大自己的领土。到第十世召片领刀暹答（召西拉罕）执政时，裂土分封和征派徭役赋税已成为统治阶级的政治经济制度。刀暹答封其长子刀更勐食采于纳扁，封其次子刀罕底食采于勐岭，封其二弟刀公满食采于纳闷龙，封其三弟长子列朗牙食采于景兰、纳先……刀暹答执政期间，在其义子奢陇法（其三弟彪裴法之三子）的辅佐下，傣族社会稳定，生产得到了迅速发展。奢陇法足智多谋，有胆有识，对于地方建设、罪犯的处理，甚至对农民耕作等，都处理得有条不紊，于是地方和谐太平，无征战之苦，百姓安居乐业，各地酋长纷纷前来朝贡。

二、引进内地封建因素

元、明以来，在生产发展的基础上，傣族地

第二章 傣族封建领主制

区的封建领主制已趋于完善。元初，朝廷以军事行动为先导，把内地的封建因素推广到傣族地区。据《元史·爱鲁传》记载："至元六年（1296年），定其租赋。""……云南、湖广之地，唐所谓羁縻之州，往往在是，今皆赋役之，比于内地。"元朝在以军事行动威慑的基础上，在云南边疆傣族地区推行了内地的租赋制。租赋制是封建制的主要特征之一。元代封建制渗入傣族社会，对傣族内部封建制因素的产生和发展具有重大的影响。但在推动初期，由于傣族地区的封建因素尚十分薄弱，元初以武力为后盾所推行的一些具有封建性质的政策遭到了反抗，迫使元朝统治者不得不"选谨厚者括治之"，实行一种适应于封建领主经济的土司制度，设立"彻里军民总管府"和"车里军民宣慰司"，以羁縻之。

土司制度的实施，不仅达到了元朝统治者"以夷治夷"的目的，而且对推动傣族社会经济的发展，对于生产关系和封建伦理道德等上层建筑的建立也起到了一定的作用。元朝的官吏在傣族地区传播内地先进的生产知识和封建文化，促进了傣族地区封建经济文化的发展。据《元史·纳速纳丁》记载："至元十六年（1279年），迁帅大理，以金抵金齿、蒲缥、曲蜡、缅国招安夷寨三百，籍户十二万二百，定租赋，置邮传，立卫兵。"说明那时的租赋已按户计征，计征对象是已封建化了的个体农民，但尚未达到内地以亩计征的程度，说明傣族的封建所有制关系尚处于初期阶段。

明灭元之后，朝廷在傣族地区推行的土司制度更为完善。据《明史·土司传》记载：明代土司制度不仅统治地区"大为恢拓"，而且"分别司郡州县，额以赋税，听我驱调。"同时严格要求各地土司效忠于中央朝廷。1582年，车里宣慰使刀应勐将辖区划分为12个版纳，其目的就是为了以"版纳"为单位，摊派封建负担，一是为其王后回缅省亲备办礼物（后演变为向缅王进贡），因中国朝廷任命刀应勐为车里宣慰使后，缅王又册封其为左掸国自主福禄至圣王；二是备办向中央朝廷进贡的礼物。

裂土分封日趋明显。傣族祖腊历779年（1431年），西双版纳第十五世召片领奢陇法登基。在他执政的15年间，由于治理有方，地方稳定，经济繁荣，百姓安居乐业。但裂土分封的状况也较明显。奢陇法有9个亲生儿子、6个女儿、1个养子。他除了留长子刀坝羡在身边协理宣慰司政务外，分封其次子刀庄帕食邑勐龙，三子刀肖食邑纳闷龙，四子刀约食邑勐龙南塔（今老挝南塔），五子刀坎食邑勐乌勒（今老挝勐乌怒），六子刀吾食邑勐混，七子刀松食邑勐阿、勐康，八子刀法囡与其三子同食邑纳闷龙，九子刀雯甩食邑景洛。同时，他又把6个女儿分别嫁给各勐土司或大头人为妻、妾，以稳定地方。如：其次女嫁给兰掌王（今老挝琅勃拉邦王），并将勐崩勒纳、勐约、勐崩等地方和百姓，作为女儿的陪嫁品划给了兰掌王。奢陇法的养子三宝勒傣，从小聪明能干，智勇双全，19岁时，奢陇法派他去管理勐捧，并任宣慰司的带兵官。

日益加重的封建赋税。车里宣慰司除向朝廷上贡之外,每年都要向百姓征收省差发银两,上缴省布政司。

据《明史》记载,宣德三年(1416年)的省差发银,奢陇法向各勐百姓征收后,即悉数点交省布政司差官刘亨,可是这笔钱被刘亨私吞了。不久,省布政司又派另外的差官来收差发银。无奈,奢陇法只得再向百姓征收。各勐百姓因已交过差发银,故抵制不交。奢陇法拿不出钱来,只好到老挝躲避。差官回省报告说:"奢陇法不交差发银并投奔老挝。"省布政司上奏朝廷:"奢陇法与刀双勐相仇杀,已投老挝,请差招抚。"

宣德六年(1419年),明帝派黔国公查明此事,奢陇法并未弃地外投,亦未与刀双勐仇杀,而是差发银被刘亨私吞了。黔国公即派人去老挝把奢陇法请回,但此时奢陇法已年逾七旬,心力交瘁,气急成病,回勐泐后不久便去世了。明宣宗皇帝对此事十分重视,亲自命令执法缉拿刘亨归案,严以治罪。

第二章　傣族封建领主制

西双版纳傣族封建领主制的产生和发展，除了傣族社会发展的必然性之外，尚有中央朝廷和云南省布政司赋税的驱使。后来，召片领把辖区14%的土地作为他本人的私庄田及其家臣的薪俸田，把86%的土地划作"份地"，分给农民耕种，按田地面积计征税赋，说明傣族地区的封建领主制已经成熟。

傣族封建领主的政治制度

从帕雅真建立勐泐王国地方政权起，傣族封建领主就确立了旨在巩固其统治地位的政治制度，其中包括人的等级制、议事庭制、波郎制、召片领与各勐召勐（土司）的世袭制等。

一、人的等级制

在西双版纳傣族社会中，在封建领主制度下，人是分等级的，贵族分为两级，农民分为三级，各级的社会地位、政治待遇是不同的。

贵族的等级。贵族一般分为"孟"和"翁"

两个等级。"孟"是召片领本人及其后代、直系亲属，范围很小，人数不多，充其量只有几十人。"孟"是人头上的"天庭骨"即头盖骨，意为至高无上的人。召片领虽然不是僧人，但他却被尊称为"至尊佛主"。男性的"孟"尊称为"召孟"，如：召孟罕勒、召孟应勐等；女性的"孟"尊称为"孟婻"，如：孟婻巴都玛、孟婻罕凤等。这里，"召"指的是男性，"婻"指的是女性。

"孟"级的人一生下来就是高贵的人，他们是西双版纳山山水水的主人。一般来说，"孟"级的男性既可以娶同级的女性为妻，也可以娶"翁"级的女人为妻，生出来的儿女属于"孟"级的人。"孟"级的女性嫁给"翁"级或平民百姓的男子为妻，生出来的儿女不属于"孟"级的人，只能属于"翁"级或平民百姓级别的人。但从20世纪30年代以后，这种情况发生了变化，"孟"级的女性嫁给其他级别的男性，其儿女仍称为"孟"。

倘若非"孟"级男子要娶"孟"级的女性，

第二章 傣族封建领主制

需出礼银320两,出与"孟"级女性同桌吃饭礼银320两,出同床的礼银320两,加上其他礼银共计3520两。

"翁"级的贵族。召片领的家臣(含大小波郎)及其后代,其等级称为"翁"。男性尊称"召",女性尊称为"媔"。"翁"级的男子削发为僧后,法名中的最末一个字为"翁"。如:波腊翁、康塔翁等。景洪以外不属于"孟"级的召勐(土司)、召贯(勐议事会会长)、帕雅诰(总头人)均属于"翁"级的人。

以上两级贵族,均不能与"卡排"(百姓)通婚。但20世纪30年代以后,这种情况发生了变化,"翁"级的贵族男子有的已开始娶百姓的女子为妻了。

百姓的等级。一般分为三种,即:"鲁郎道帕雅"(勐海、勐遮一带称为"召庄",勐腊、勐捧一带称为"鲁昆")、"傣勐""滚很召"。前者意为头人、官员的子孙,一般是指宣慰城景帕铳"翁"级头人的远房子孙;"召庄"和"鲁召"是指景洪以外各勐召勐分支较远的子孙。据调查，景洪的"鲁郎道帕雅"要当头人，需从"鲊"①一级当起，凡进过佛寺为僧的男青年，即使不当头人也是个"空头鲊"（即没有任何俸禄的"鲊"）。勐海、勐遮等地的"召庄"，若要当头人，可以从"帕雅"当起，不必从"先""鲊"逐级当起。据统计，"鲁郎道帕雅"约占农村总户数的5.7%。这个等级的人，由于与贵族分支较远，多数是自己建立寨子，只按期轮流担任宫廷侍卫，不编入"火西"②，没有门户税，排在负担系统之外。对分配给的土地，他们拥有自由买卖的权利。其身份类似自由农民。

"傣勐"。又称"傣本勐""滚勐"，意为本地人、土著、建寨最早的人。"傣勐"的村寨，一般都是大寨子，它是农村公社的故乡。其他农民等级的村庄，都是按照它的模式组织起来的。"傣

---

① 村寨一级的头人是帕雅、鲊、先，先是最低的一级。

② 若干个寨子划为一个"火西"，属负担单位。

第二章 傣族封建领主制

动"占有的土地,就是作为农村公社前期的家庭公社遗留下来的家族田和进入农村公社后的寨公田、寨田。进入封建领主社会后,这些田都转化成了负担田,但多数仍沿用原来的名称,保持着较为浓厚的"集体所有"观念。他们说:"水和土都是召的,但田地是我们开的。""先有百姓后有官家""先有傣勐后有召"。"傣勐"的负担,主要是地方或全勐的负担。一般来说,凡涉及全勐的公共事务,如:开大水渠、架桥、修路、祭勐神、服兵役等公共劳役,以及对领主和外族的一切负担都称为"甘勐"(全勐的负担);凡属农村公社内部的公共事务都称为"甘曼"(全寨的负担)。与其他等级的农民相比,"傣勐"占有的"寨公田","薪俸田"和"私田"较多。据调查,"傣勐"的户数占总户数的55%。

"滚很召"意为"主子的人""主子家里的仆人"。这部分人,有的是"召"的家奴;有的是罪犯;有的是从外地来投奔被"召"收留的人,如勐海的曼帕西(傣族中的回民),他们是杜文秀起义失败后从大理逃来的;有的是买来的奴隶,如勐海的曼回宫;有的是被征服的少数民族,如"布朗傣族""哈尼傣族";有的是战争俘虏,如景洪的曼景真,他们是从景真被俘来的人;有的是从"傣勐"转变而来的,如景洪的曼忠些,原为"傣勐",由于土地被领主掠夺而沦为"洪海"。

根据其身份地位、占有土地多少、负担劳役种类和先来后到的不同,"滚很召"又分为五种:一是"领图",他们是跟随"召"较早的家奴,是从"召"家里最早分出来建寨的人,他们占有的"份地"比其他的"滚很召"多。"领图"又分为内、外"领图"两种,内领图接近"召"的机会多,身份较高,如勐海的内领图住在城子里,担任召勐的警卫;外领图住在城外,担负各种家内劳役。景洪的内领图,大部分是召片领的家奴,而外领图大部分是召龙帕萨的家奴。二是"冒宰",主要担负领主家内劳役,如烧火做饭,出门时提贵族妇女备用的筒裙、绣鞋等。"冒宰"也分为内、外两种。三是"滚乃",他们是最晚从领主家分出来建寨的家奴,大部分都没有田地。他们说:"滚乃有田地是没有道理的","召有吃的我们也有吃的",说明他们并未完全摆脱家奴地位。"滚乃"也分为内、外两种,他们主要是服领主家内劳役。四是"郎乃",他们是从以上三种人中分化出来的。为了加强对各勐的控制,防止各勐造反,召片领把自己的家奴安插到各勐建寨,作为自己的政治耳目,一旦有风吹草动就向他报告。他们除担负召片领的政治耳目外,还要向召片领提供各种劳役和内贡,于是被称为"滚孟",意为召片领的人。五是"洪海",他们多是由外地逃荒来的人或战争俘虏,地位最低,被称为"水上漂来的人"。如:景洪的曼景栋囡有23户,其中就有从十多个勐迁来的人。在勐海、勐遮,人们把没有土地或自己耕种私田不出负担的人、丧失劳动力的孤寡、有劳动力而不愿耕田的人、经营商贩手工业的人等,统称为"洪海"。"洪海"一般都没有"份地",多数租种领主的土地或其他等级农民多余的"份地",为领主服各种卑贱的劳役。

二、议事庭制

议事庭,傣语称为"司廊",设置于最高领主召片领之下。其中又分为内议事庭和外议事庭,系傣族最高封建领主的权力机构。

(一) 内议事庭 (司廊乃)

内议事庭由召片领直接参加组成,但作为副召片领(副宣慰使)的"召乌巴拉扎"可代行召片领职权,担任内议事庭庭长之职。设副庭长两人,由召龙帕萨和召龙纳扁担任。一般情况下,由两位副庭长主持会议,有重大事情时由召片领和召乌巴拉扎出席并主持会议。召龙帕萨是召片领宫廷的内务总管。"帕萨"指的是召片领宫廷,他要负责管理宫廷里的内部事务,管理勐级章哈(歌手)并安排他们到宫廷里演唱,并负责全西双版纳的水利灌溉。召龙纳扁的"扁"字,指的是孔雀或孔雀翎,他要为召片领管好孔雀翎,在

关门节、开门节和祭勐神时,抬着孔雀翎尾随在召片领身后。平时他为召片领保管好下面呈送的奏本和文件。内议事庭的官员分为四级:召龙帕萨和召龙纳扁为一级;召龙纳掌、召龙西养、召龙纳贺、召龙纳个为二级;召龙西往、召龙西南、召龙纳干、召龙庄扁、召龙纳广、召龙纳麻、召龙纳罗、召龙康坎、召龙纳黄、帕雅章坎、帕雅纳峨、帕雅纳瓦、帕雅纳闹、帕雅允黑为三级;帕雅刚贺、帕雅顶栽、帕雅顶坎、帕雅列为四级。

(二) 外议事庭 (司廊诺)

外议事庭是召片领之下行使议会和行政权力的最高组织机构,具有议会和内阁合一的特征。其庭长傣语称为召景哈,意为景哈土司。据传,古时议事庭庭长由各勐推选,后来因景哈土司指挥作战有功,各勐土司便推选他为议事庭庭长,属"四大卡贞(大臣)""四怀郎"(直译为四大柱),为四大家臣之一。从此议事庭长称为"召景哈",这是一种官职,后来担任此职的人,虽不是景哈的土司,但仍称其为"召景哈"。召景哈不能世袭,其俸禄伴随着职务的变更而变更,若他不任官职,其俸禄就被取消了。担任召景哈,不仅需要召片领的认可,其封建等级也受到限制,必须是"孟"级的人才能担任此职务。

外议事庭的组成人员,主要是各勐土司(或代表)和重要官员,如:召景哈、怀郎曼洼(又称都龙诰,主管财政、税收、行政,其职权仅次于召片领)、怀郎曼轰(主管司法、户籍)、怀郎庄往(主管派款、派夫、派粮、接待外国使者)四大卡贞和召龙纳嘎(又称怀郎囡,负责监察财政、粮秣、处理各方事务;过问地方大事、祭祀地方神、经管对外友好往来;商业和市场管理)等八大卡贞组成。

外议事庭开会时,其座席顺序是:内室有召景哈、怀郎曼洼、怀郎曼轰、怀郎庄往、召龙纳嘎和其他有关官员席位。内议事庭官员列席。同时保留着各勐土司的座序:召勐腊、召勐拉(六顺)、召勐遮、召景董(包括陇德)、召勐龙、召勐捧、召景洛、召勐乌代、召勐混、召勐海、召

第二章 傣族封建领主制

倚邦、召易武、召勐很（普文）、召勐龙。外议事庭的职能是：决定召片领、各勐土司、帕雅陇以上大头人的袭职废黜的问题；决定各勐土司及各级波郎不能决定的事情；研究关于西双版纳政治制度的兴革；研究和周边国家战争与和平的问题；研究和处理西双版纳的重大事情；研究召片领交议的问题。外议事庭的决定，呈报召片领批准后执行。若召片领不同意，即打回议事庭重议，最后由召片领决定。议事庭固定会期每年有两次，即祖腊历9月的关门节和12月的开门节。在这两个节日里，各勐及各寨的大头人都要代表他所属的臣民向自己的波郎（代表召片领去监督各勐土司头人的官员）祝贺，波郎又代表他们向召片领朝贺。届时朝贺的人献贺词，召片领致答词，随即召开会议，各寨提升头人、新封头人和原来的头人辞职、免职都在这次会议上决定。若有重要事情，议事庭可随时召开会议。这种封建性的会议，争执的现象很少，最后由召片领决定。平时召片领有事下达，就通知议事庭议决执行。有时并不需要开会,由议事庭庭长通知各勐波郎下达通知即可。若各勐有要事要禀报召片领,也要通过议事庭转呈。

(三) 内、外议事庭的关系

从两者与召片领的亲、疏来看,内议事庭较为亲近,外议事庭有一定距离。因为内议事庭的组成人员都是直接为召片领宫廷服务的亲近的家臣;其庭长由召片领的亲兄弟担任,两位副庭长也是召片领最亲近的家臣;其他的组成人员都是直接为召片领服务的;内议事庭的官员可以列席外议事庭会议,外议事庭官员却不能列席内议事庭会议。从两者的等级来看,内议事庭又明显低于外议事庭。外议事庭庭长召景哈属四大卡贞之一,而且限定必须是孟级的人才能担任,比实际主持内议事庭的召龙帕萨等级要高;外议事庭副庭长怀郎曼洼年实物俸禄3700挑谷子,比召龙帕萨的690挑谷子要高得多。两个议事庭的官员在一起开会,由外议事庭庭长主持。但是召片领有什么指示,先由内议事庭商议后,再通知外议事庭去处理；各勐要禀报工作，先报外议事庭，若外议事庭处理不了，再送到内议事庭，若内议事庭处理不了，再呈报召片领。从对外影响来看，外议事庭的权力和影响要大得多。内议事庭相当于内务局、办公厅之类，是专门为召片领服务和处理宫廷内部事务的，而外议事庭是负责整个西双版纳内政、外交的。在外界人看来，召片领司署只有一个议事庭，即外议事庭。

三、波郎制

"波郎"意为监督官或代表。"波"直译为父，"郎"直译为拴牛、马的绳子。傣族在青草地上树一棵桩，用绳子的一头拴住牛马，一头拴在吊杆上，让牛马围着木桩吃草，但不能离开桩。那棵桩象征着召片领，那根绳子象征着波郎，牛马象征着各勐土司、头人。说明召片领是通过波郎来监督、管理土司和头人的。据传，最早的波郎是从一个部落或一个地方选举出来的代表。西双版纳各勐的波郎是由各勐来议事庭"请"的，由议事庭通过，报召片领批准，原来，外议事庭开会，各勐土司必须来参加，或派代表来参加。但各勐土司（或代表）长期住在宣慰城很不方便，于是他们就向召片领请示：能否在议事庭官员中请一位波郎作为该勐的代理人。经召片领首肯，各勐就在议事庭中请一位官员作为该勐的波郎。波郎的职责是上情下达，反映该勐土司、头人的意见和要求，同时又代表召片领和议事庭监督各勐的土司、头人。波郎分为三种：

一是波郎勐（意为勐的代表、监管人）。各勐的波郎是各勐长驻议事庭的代表，随着时代的变化，他们已成为召片领在议事庭控制各勐的官员。如果"波郎不得人心，是可以要求更换的。"如：勐海以前的波郎勐是怀郎曼轰，后来改为怀郎庄往。但有的波郎勐是不能更换的，如：勐腊的波郎勐召龙纳扁，是文件规定不能变的。在普思沿边行政总局期间，有的波郎勐依仗自己的权势，不断扩大自己采邑的范围，如召龙真悍，原来只是勐仑的波郎勐，后来又当上了勐远、勐腊、勐捧、勐润、勐伴、磨歇、磨竜、尚岗、尚勇的波郎勐，直至他寿终正寝后，才恢复原来的管辖权限。

二是波郎陇（或哈麻、火西）。各勐都划分为若干个"陇"，如：景洪的"傣勐"级村寨，负担系统分为陇洒、陇栋、陇匡三个片区；"领因"级村寨划分为陇领因、领因陇两个片区。各陇在议事庭里都有波郎。召片领还向景洪以外的勐，相当于陇一级的行政、负担组织派出波郎去节制。各勐也有相当于景洪的陇的"哈麻""火西""火扫"等行政、负担组织，各勐土司也派出波郎去控制。

三是波郎曼。这是直接节制村寨的官员，一般是认官不认人，即谁担任这个职务的官，谁就是这个村寨的波郎。如：景洪的曼注，谁担任都龙诰，谁就是这个寨子的波郎，故都龙诰又称为怀郎曼注或波郎曼注。由于官员的职务在变动，波郎的职务也在变动。

四、封建领主的世袭制

封建领主的世袭制,自从帕雅真入主勐泐以来,勐泐王国及其辖区几十个勐的召勐就实行世袭制,其王位(或召片领)和各召勐的职位就父传子、子传孙地沿袭下来了。如:帕雅真于1180年病故后,由其四子桑凯冷继位;桑凯冷于1201年病故后,由其长子岩崩继位;岩崩去世后,由其子岛陇建宰继位;……到第四十世召片领刀栋梁去世后,由其义子刀世勋继位,成为西双版纳末代的召片领。召片领辖区的30几个勐也如此,其召勐的职位世代相袭,直至新中国成立为止。

一个地方由一个家族世世代代地进行统治,虽然有其政策、法律的连续性,但也有许多弊端,如:一是不利于人才的选择,由于召片领或召勐病逝之后,一般由其长子或其弟继位;召片领的人选必须在"孟"级的人中挑选,而"孟"级的人很少,很难找到德才兼备的人。如果召片领或召勐的儿子、兄弟中没有合适的人选,哪怕他是

第二章　傣族封建领主制

文盲或是昏庸无能的人，也只好让他登上这个宝座了。二是在召片领、召勐的亲人中，经常发生争权夺位的流血冲突，因为让谁继位，其他人都不服气，就会兵戎相见，相互残杀。

延续八百年的封建领主制

从1160年至1950年初，西双版纳封建领主制整整延续了790年。也许有人会问：中国内地历代的封建王朝，都没有延续这么长时间的，西双版纳的封建领主制为什么能延续这么长的时间？根据汉文、傣文史籍及东南亚国家史籍的记载，以下七个方面是值得研究的：

一是历届傣族封建领主都制订或沿袭了相对合理的土地制度。虽然召片领是最高的土地所有者，即水和土都是召片领的，农民不但没有半分土地，而且猎得野兽，都要把野兽倒毙在地上那一半献给召片领；农民下河、鱼塘捕鱼，必须把捕得的最大的一条鱼献给召片领；农民在路上拾到物品，需把其中的一半献给召片领……但是，召片领并未把所有的土地占为己有，对农民巧取豪夺，而是实行"土地王有，农民耕种"。召片领把86%的土地作为"份地"，通过村寨头人分配给农民耕种，凡是有劳动力和有负担能力的农户，均可分得一块"份地"耕种。"份地"的好坏、肥瘦、远近搭配，每隔1年或3年打乱重分一次，使耕者有田种、有饭吃，不至于四处流浪乞讨。农民有田种、有饭吃，社会就稳定了。同时，召片领又把14%的土地划为私庄田和头人的"薪俸田"，让头人有一定的实物俸禄。这样，就化解了一些社会矛盾。

二是傣族封建领主制订了相对平等的民族政策。西双版纳辖区内生活着哈尼、拉祜、布朗、基诺等十几个山区少数民族，历代的召片领不是直接派遣自己的亲信去统治，而是把山区少数民族聚居区划分为12个区域，委派该族有威望有影响的头人为"金伞大头人"，颁发给他一把金伞、一把宝刀、一根铁链，任命他管理好本民族的内部事务，并给予该头人许多特权，如：可以骑马、

第二章 傣族封建领主制

挎刀、打金伞直至召片领司署下面才下马,而傣族头人就没有这样的特权。这样,民族关系相对平等、和谐。

三是傣族封建领主制订了成套的法律法规,依法依规治理西双版纳,这些法律法规明确规定了《处理诉讼时应持的态度和方法》《地方与地方之间违犯公约罚款的规定》《关于罚款和赎罪的一些规定》《民刑法规》等。在《民刑法规》第一条第二款中规定:"对人怀恨,指使人去行凶,如不曾杀死,按人的价格(半开银币1500元),由指使人和行凶人各出一半。"第三款规定:"坏人放毒药,被发觉抓住,就杀掉。"第五款规定:"杀人不罚的有四项:不论头人或百姓,与有夫之妇通奸,被其丈夫发觉杀死,不罚;凡行为恶劣者,或带枪去杀人,反被杀死,杀者不罚;夜静更深,乱闯进他人屋子,被户主杀死,户主不罚;偷东西被抓着杀死,不罚。"

在第十条"侮辱妇女"中,第一款"强奸"规定:"强奸者,不论什么人,按其等级、地位,给予严重处罚。"在第二款"通奸"中规定:"山区民族男子与傣族妇女通奸,罚7元;傣族男子与哈尼族妇女通奸,罚17.5元;百姓男子与头人的妻子发生关系,罚10元;头人与百姓的妻子发生关系,罚17.5元;头人与土司的妻子发生关系,罚22元;土司与头人的妻子发生关系,罚32元……"从以上条文可以看出,傣族封建领主的刑法是保护弱小民族、弱小者和地位低下者的,而对于本地的大民族、头人、土司是重罚的,并非"刑不上大夫"。由于有了成套的法律法规,西双版纳的治理就有法可依,地方也就稳定了。

四是傣族封建领主善于利用佛教的教规教义、戒律和道德观来教化民众。

五是傣族封建领主善于利用傣族百姓中"傣勐""滚很召""鲁郎道帕雅"之间的不同等级、大小民族之间的差别、大勐与小勐之间的不同,相互制约,保持了社会的稳定。

六是车里宣慰司、各级土司与中央朝廷保持着密切的关系,按时、照章纳贡,得到了朝廷的

第二章 傣族封建领主制

支持和保护。

七是傣族封建领主带领辖区各族人民抗击缅甸的洞吾王朝、木梳王朝、东吁王朝、暹罗军队的侵略和骚扰,反对割让勐乌、乌德给法属老挝,20世纪初期又阻止了别有用心的英国探测队的进犯,捍卫了祖国神圣领土主权的完整,维护了民族尊严。因此,他们在各民族头人、百姓中有一定的威望。

1956年,西双版纳完成了和平协商土地改革,从根本上废除了延续近800年的封建领主制,走上了社会主义的金桥银路,世世代代抬不起头的农民真正成了"波海咪纳"(意为天之父、地之母)。

第三章 傣族支系的形成及迁徙

傣族是中华民族大家庭的一员,据第六次全国人口普查,傣族有人口 1261311 人,占全国总人口的 0.09946%。其支系的形成、特点和历史上的迁徙路线是值得研究的。

傣族的基本情况

傣族主要分布在西双版纳傣族自治州和德宏傣族景颇族自治州。其次,普洱市、临沧市、玉溪市、保山市、红河哈尼族彝族自治州、楚雄彝族自治州、文山壮族苗族自治州等 60 多个县市都有分布。全省 29 个民族自治县中,有 7 个分布有傣族并且由傣族和其他民族联合成立自治县。此外,四川省的会理、盐源等县也有傣族分布。

第三章 傣族支系的形成及迁徙

傣族是个跨境而居的民族。国内的傣族一般分布在中缅、中老、中越边境一带和澜沧江、怒江、元江、金沙江流域。同属于傣族的人在东南亚、南亚分布得较多，如：缅甸的掸①邦、老挝的丰沙里、南塔、波乔、乌多姆赛、琅勃拉邦等省；泰国北部的清迈、清莱、夜丰颂、南奔、南邦、帕耀、南府等；印度的阿萨姆邦等，都有傣族分布。近五六十年来部分傣族迁至老挝、缅甸、泰国，之后又移居澳大利亚、新西兰、美国、法国、加拿大、英国、德国等国。迁居美国的傣族在丹佛、西雅图、洛杉矶等地有固定的聚居区，成了美籍华人，其他的也成了法籍、加籍、英籍华人。党的十一届三中全会之后，随着改革开放政策的深入贯彻，祖国、故乡的面貌日新月异，思念祖国、怀念故土的外籍傣家人纷纷回到故乡探亲访友，参加佛事活动和祭寨神、勐神活动。这些人散居于世界各地，成了国际民族大家庭的

---

① 傣族自古自称为傣，掸是他称。

一员。

斯大林说:"民族是一个在历史上形成的具有共同语言、共同地域、共同的经济生活以及反映在文化上的共同心理素质的人们的共同体。"斯大林的这一名言,用来识别古代和当今的民族,仍然是适用的。

无论是居住在中国的傣族,还是居住在东南亚、南亚和散居于其他国家的傣族,都有共同的语言(方言大同小异)、共同的地域(居住地基本连片)、共同的经济生活(从事农业和纺织)、共同的文化共识(信仰、风俗基本相同)。

文身绣脚、居住"干栏"式的建筑、习水操舟、喜食酸辣香苦食物、崇尚和保护自然、尊老爱幼、以礼待人等是中国、东南亚、南亚以及散居于世界各国傣泰民族的共同特点。

文身绣脚,不仅是我国东南、西南地区百越族群的共同特点,也是我国傣族和东南亚、南亚傣泰民族的共同特点。文身绣脚,就是在男子的胸部、背部、大腿等处纹上鸟兽、植物、咒语、

第三章 傣族支系的形成及迁徙

几何图形等，一是表示男子的人体美、雄壮英武，好找对象。过去傣族女子选配偶，首先看重是否文身，不文身的男子是难以找到对象的，她们说："青蛙的脚尚且是花的，男人的腿怎能不是花的呢？"二是防止野兽和蛟龙的伤害。文身的男子，身上、腿上是花的，老虎、豹子和水里的蛟龙看到的是自己的同类，也就不来伤害了。据《史记·赵世家》记载："夫剪发文身，错臂左衽，瓯越之民也。"《百夷传》说："傣族官民皆髡首黥足，有不髡者，则酋长杀之；不黥足者，众皆嗤之，曰妇人也，非百夷种类也。"

共同的"竜林崇拜"。傣族地区是水稻的发源地。自古以来傣族种植的农作物中，以水稻为主，早在两千多年前就懂得驱使大象蹈田、搞运输，甚至骑着大象打仗。千百年来，在与大自然相处的过程中，傣族人民深刻认识到：森林和水源对人类的生产生活极为重要，他们总结出了四句格言："有林才有水，有水才有田，有田才有粮，有粮才有人。"具体地说，没有森林就没有水源，没有水源就没有稻田和鱼塘，没有稻田和鱼塘，就没有粮食和鱼虾，人类就不能生存和繁衍。

为了保护森林和水源，傣族人民把勐级水源林敬奉为"竜社勐"（勐神林），把村寨级的水源林，敬奉为"竜社曼"（寨神林）。两种神林统称"竜林"。"竜林"是勐神（部落祖先）、寨神（民族祖先或建寨最早的人）居住的地方。因此，"竜林"里的一切动物、植物、土地、水源都是神圣不可侵犯的，严禁狩猎、砍伐、开垦。即使是风吹下来的干树枝、干树叶或熟透了的果子也不能拣，让其自然腐烂。每年还要用猪、牛祭勐神、寨神，以求保佑全勐全村人畜平安、农作物丰收。

有些傣族地区把森林划分为五片，第一片叫"坝埋仲布"，意为国际级保护的森林，相当于今日的世界自然遗产；第二片叫"坝埋勐"，意为勐级保护森林；第三片叫"坝埋曼"，意为村寨保护的森林；第四片是专为埋葬死人的坟林，其中又分为埋葬召片领、召勐和高僧的坟林；埋葬

第三章 傣族支系的形成及迁徙

正常死亡者的坟林；埋葬非正常死者的"乱坟林"等。第五片森林是村寨可以支配、砍伐的森林。以上五片森林，除了第五片以外，都是不能砍伐和狩猎的。四片保护性森林和全西双版纳的保护性森林连接在一起，就是一片地域广大的自然保护区。

"竜林"及其产生的"竜林文化"，不仅西双版纳有，云南省各傣族地区也有，甚至东南亚、南亚的傣族聚居区也有。

傣族一般都喜欢住"干栏式"的房子。西双版纳和德宏的部分地区，以及缅甸、泰国、老挝的傣泰民族都喜欢居住这样的建筑，因为这些地方天气炎热、潮湿，而"干栏式"的竹楼、木楼，冬暖夏凉，正适应于这样的气候。竹楼有的地方叫吊脚楼，分为两层，二层离地面约两三米，楼上住人，楼下饲养牲口、堆放杂物。

据考证，"干栏式"建筑属百越族群的居所，汉文史籍中多有记载。如《魏书》说："依树积木，以居其上，名曰干栏。"《百夷传》《岭外代答》《博物志》《北史》《通典》等史书均有类似的记载。据安志敏《干栏式建筑的考古研究》说:"我国的干栏式建筑具有悠久的历史,新发现的许多模型和图案,不仅说明它的形制结构,并可肯定这种形制的建筑当汉代前后已盛行于我国华南的某些地区;同时从个别模型和一些有桩桩底架的遗迹,甚至可以追溯到新石器时代晚期,而其分布也比后来更加广阔。……这种形制的建筑今天在长江流域及其以南的大部分地区已经消失,仅在许多兄弟民族地区仍然继续存在。"

傣族和傣泰民族的共同点还有许多,因在其他章节里还要论及,在此就不一一赘述了。

傣族支系及其特征

由于傣族分布较广,居住地不同,旧时交通闭塞,相互间经济、文化交流不多,也就出现了方言、服饰、发饰、饮食、宗教信仰方面的差别。这些差别的出现,就是傣族支系产生的原因之一。

另一个原因是,傣族虽然自古以来自称为

第三章 傣族支系的形成及迁徙

"傣",但在1952年以前,汉文中并没有"傣"字,汉族和周围的兄弟民族就根据傣族的穿着、饰齿、居住地等方面,用五花八门的他称来称呼傣族。如:汉文史籍中将傣族称为"掸""滇越"。到了唐、宋时期,汉族的文人墨客和商人,根据傣族的穿着、饰齿、文身,将傣族称为金齿、银齿、黑齿、绣脚、白衣、白夷、百夷,这些他称都已出现在汉文史籍中。到了元、明时期,汉族和其他民族的学者、商人、军人除继续称傣族为金齿、白夷、白衣、百夷、伯夷外,李元阳在修编《云南通志》时,将"百夷"改成了"僰夷",从此,在傣族的他称中又多出了"僰夷"。清代民间称傣族为"摆衣""摆夷"。清《四库全书·总目提要》在《百夷传》的提要中说:"百夷"即麓川平缅宣慰司。百夷即今摆夷,译语对音,故无定字。清代民间和地方志中,又根据傣族的生活环境,把傣族分别称为"水摆夷""旱摆夷"。他们把生活在河边、湖旁的傣族称为"水摆夷";把居住在山区、半山区或接近汉族地

·59·

区的傣族称为"旱摆夷";把元江、新平、普洱等地喜欢用花围腰的傣族妇女(含男人)称为"花摆夷"。

《云南通志》说:"旱摆夷,山居,性勤,男子衣及膝,女高髻帕首,缀以五色丝,裳亦然。"《普洱府志》说:"水摆夷,男女皆浴于河。"据《伯麟图说》记载:"花摆夷,性柔顺,嗜辛酸,居临水,以渔稼。"后来,又有人将"旱摆夷"称为"汉摆夷",意指接近汉族地区、接受汉文化影响较深的傣族。

这就是傣族的三个支系傣泐(水傣、水摆夷)、傣讷(傣勒、旱摆夷、旱傣、汉傣、汉摆夷)和傣雅(花腰傣、花摆夷)产生的经过。

民国时期,汉族和其他民族仍称傣族为"摆夷""白夷""僰夷"。

中华人民共和国建立后,根据傣族人民的意愿,党和人民政府废除了他称,将傣族人民自古以来的自称,正式定名为傣族。

傣族不仅有以上三个支系,还有傣绷、傣亮

第三章 傣族支系的形成及迁徙

等若干个支系。高立士在《云南四江流域的傣族支系研究》一文中，提出云南傣族可分为九大支系，即傣泐、傣讷、傣艮、傣绷、傣雅、傣格、傣皓、傣朗、傣亮，他们分布于澜沧江、怒江、元江、金沙江流域。

傣泐：西双版纳古时叫"勐泐"，故居住在这个地方的傣族称为"傣泐"。主要分布于澜沧江下游的西双版纳。普洱市江城县的整董乡，红河州金平县的勐拉，绿春县的骑马坝，个旧市的石榴坝有少量分布。泰国的清迈、清莱、清线、清孔、昌堪、米赛；老挝丰沙里省的勐乌县、南塔省的勐兴县均有分布。在泰国的傣泐被称为"泰泐"。在泰北的泰泐，1992年有人口50余万。傣泐信奉南传上座部佛教，也信奉民间宗教，居住"干栏式"的建筑。傣历新年泼水节，是傣泐一年一度的传统节日。自清代末期以来，有一部分傣泐皈依伊斯兰教，被称为"帕西傣"（意为傣族中的伊斯兰教信徒）。自20世纪20年代以来，有一部分傣泐改信基督教，村寨里建有教堂。

傣泐有自己的文字,称为傣泐文。2015年,云南傣泐人口约35万人。

傣讷(傣那、傣勒):"讷"意为上方、北方。"傣讷"即"上方的傣族""北方的傣族"。主要分布在怒江下游的德宏傣族景颇族自治州。因傣族称怒江为"南宏",称下游为"德",故怒江下游称为"德宏"。傣讷在保山市的腾冲、潞江坝,临沧市的沧源、耿马、双江,普洱市的景谷、景东、孟连、普洱、墨江、江城(曼克老一带),金沙江沿岸丽江市的永胜、华坪,楚雄州的永仁、大姚、武定等地均有分布,2015年人口约45万。傣讷多数人既信奉南传上座部佛教,也信奉民间宗教。多数居住汉式的房屋,少数居住"干栏式"的住宅。傣讷也有少数人信奉伊斯兰教、基督教。有文字,叫德宏傣文。多数傣讷过泼水节。

傣绷:因居住地叫勐绷,故名傣绷。傣绷主要分布在缅甸。云南省内主要分布在普洱市孟连县勐马镇勐阿坝的龙海、养派、广伞三寨;澜沧县上允乡芒角村公所的芒京、芒那二寨；临沧市沧源县的勐角、勐董，耿马县的孟定、勐省和德宏州瑞丽市的边境线也有分布。2015年，云南省内傣绷人口约1.3万人。傣绷有文字，称傣绷文，既信奉南传上座部佛教，也信奉民间宗教，住干栏式的建筑，过泼水节。

傣艮：因地名叫勐艮（又名景栋）而得此名。明、清时勐艮属缅甸宣慰司辖地，今属缅甸南掸邦。主要分布在缅甸，泰国的清迈、清莱府也有分布，称为"泰艮"。云南省内主要分布于普洱市孟连县勐马镇的勐阿坝，共12个自然村。西盟县的勐梭，临沧市中缅边境我方一侧有零星分布。云南省内的傣艮2015年有人口1.3万人。信奉南传上座部佛教和民间宗教，住干栏式的建筑，使用傣艮文。过泼水节。

傣雅（傣亚）：他称"花腰傣"。传说，佛祖云游至傣族地方传教，傣泐、傣讷、傣绷、傣艮均赶去赕佛听经。当傣雅赶来时，佛事已散，佛祖已走。因此，这支傣族被称为"傣雅"。"雅"，傣语，意为分散、下班、离散之意，"傣雅"意为分散、离开的傣族。有个传说：在远古时候，傣族大迁徙，大队伍往南走远了，他们一路砍倒的芭蕉树已抽心发芽、长高了，他们掉队跟不上了，成了"散落"在后面的一支，故称为"傣雅"。由于傣雅妇女服饰精美绚丽，其腰带更是美丽绝伦，故又有"花腰傣"之称。傣雅主要分布在玉溪市新平县的漠沙、嘎洒坝，元江县的东峨、元江坝。西双版纳州景洪市的普文坝、勐养坝，景讷乡的勐板坝，勐罕镇勐宽坝，勐腊县的勐满坝均有分布。2015 年，云南省的傣雅约有 13 万人。傣雅不住"干栏式"的建筑，而居住汉式的建筑，不信奉佛教而信奉民间宗教，有一部分人信奉基督教，不过泼水节，而与汉族一样过春节。

傣格：主要分布在元江、红河、元阳、河口四县的红河沿岸。金平县的勐桥，文山州麻栗坡县的南温河乡、勐洞乡也有分布。2015 年，云南省有傣格约 6 万人。"格"，傣语意为搭配、掺杂，"傣格"意为多种不同自称掺杂在一起的傣族。

第三章 傣族支系的形成及迁徙

如：元江、东峨的"傣格"自称"傣仲"；元阳县的"傣格"自称"傣沙"（元阳坝的河傣语称南沙）、"泰尤"。虽然自称不同，但他们与其他支系的傣族不同的是：妇女不穿桶裙，而穿裤子；不穿紧身窄袖短上衣，而穿宽松的大长袖上衣；他们自织自染的棉布有暗花纹，布面平整有光泽。据说，傣格是宋朝壮族侬智高起义军的后裔，因起义失败逃散，改称傣族。"傣格"意为"掺杂在傣族中的壮人。"他们善于划船捕鱼，各渡口都由他们负责摆渡，故周边汉族称他们为"水傣"。傣格不信佛，而信奉民间宗教，不住干栏式建筑，而住汉式的房子，过春节，不过泼水节。

傣皓（白傣）："皓"为傣语，白色。因其喜着白色服装而得名。金平县勐拉的傣皓，妇女均穿白色的对襟上衣，将银黄的蝴蝶排扣钉在衣襟上。麻栗坡、马关的傣皓也如此。他们说："我们傣皓的一生，不外乎有三次穿白，娃娃生下来三天，给娃娃取奶名，这时娃娃要穿透身白；孩子长大成人要结婚时，新郎新娘穿的内衣内裤要透身白,新人的领口、袖口、衣摆、裤脚边,都要露一道白;人死后,贴身内衣内裤要透身白。"①傣皓主要分布在越南。云南省内主要分布在中越边境的红河州金平县者米河、藤条江沿岸的勐拉乡、者米乡。文山州麻栗坡县的南温河乡、马关县的都竜镇、普洱市江城县与越南接壤的曲水乡土卡河两岸也有分布。2015 年,云南省内的傣皓约有 5 万人。傣皓不信佛,而信奉民间宗教,部分信奉基督教;不住"干栏式"住房,而住汉式的住房;不过泼水节,而与汉族一样过春节。

傣朗(黑傣):说是黑傣,不是指其皮肤黑,而是指其服饰均为黑色,与傣泐、傣讷、傣雅等支系鲜艳的服饰反差极大,这是黑傣得名原因之一。二是黑傣源于越南黑水河沿岸,黑水河傣语称为"南朗",沿岸傣族故有"傣朗"之称。周围的汉族称其为"旱傣"。主要分布在越南,泰

---

① 引自朱德普《文山州傣族历史文化琐记》一文,刊于 1992 年《民族调查研究》三、四合期。

国、老挝也有分布,泰国称其为"泰朗"(黑泰)。云南省内主要分布在中越边境马关县的木厂乡、大栗乡和坡脚乡,文山县的德厚乡、攀枝花乡,河口县桥头镇的白黑村、甘田寨,红河县的麦龙乡,元江县的大水平乡也有分布。2015年,云南的傣朗约为2.5万人。他们不信奉佛教,而信奉原始宗教;不住"干栏式"房屋,而居住汉式的房子;不过泼水节,而过春节。

傣亮(红傣):其名的来历有两种,一是他们喜欢用红色布条镶袖口、领口、衣襟边摆和裙子。有的因为在青色长裙上镶上三条红布,故被称为"三道红傣";二是源于他们居住在红河沿岸。发源于云南省的元江,流入越南后称为红河。红河傣语称为"南亮",于是居住在红河沿岸的傣族称为"傣亮"。主要分布在越南,泰国、老挝也有分布。云南省主要分布在河口县桥头镇的石崖脚、白尼、方格成三寨,马关县古林菁乡的攀枝花、董棕两个小寨。2015年,云南省内有傣亮约2000多人,周围的汉、瑶、苗族称他们为

"旱傣"。傣亮不信奉佛教，只信奉民间宗教；不住"干栏式"的房屋，而居住汉式的房屋；不过泼水节，而与汉族一样过春节。

傣族的这些支系，只是方言有点差别，但彼此都能听得懂；妇女服饰原来差别较大，但现在各支系妇女的服饰已渐渐向傣泐妇女的服饰靠拢，差别逐渐减少。

傣族的迁徙

傣族的迁徙，是个十分敏感的问题，因为西方的学者曾提出南诏是泰（傣）族建立的国家，南诏国的主体民族是泰（傣）族，只是因为元灭大理后，才引起泰（傣）族大量向南面和中南半岛迁徙的。这一观点在国内外学术界引起了长期的、不间断的争论。在国内学术界，凡是有人提出傣族南迁的观点，就会遭到四面八方劈头盖脸的挞伐。

但泰（傣）族史上的南迁是客观存在的，是有史料为依据的。我国的傣族和东南亚、南亚的泰、老、掸、阿洪泰本来就是同祖同宗同语系同语族同语支的民族,况且我国傣族居住的西南边疆又与缅甸、老挝、越南山水相连,临近泰国和印度,彼此之间相互交往、迁徙也是正常的。

傣族迁徙无非是因为战争、灾难、故址已不适宜居住,需寻找适宜于自己居住、生产、发展的地方。傣(泰)族大量迁徙,并非发生在元灭大理之后,而早在六七世纪时已出现,此后的1400年间仍有傣(泰)族迁徙的现象,不仅有南迁的,也有北迁的;不仅有迁往国外的,也有从国外迁入国内,还有在国内迁徙的。

云南社科院研究员郑晓云在他的《傣泰民族先民从云南向东南亚的迁徙与傣泰文化圈的形成》① 一文中,正确地研究和分析了傣、泰、老、掸和阿洪泰的族属渊源关系,傣泰民族先民从云南向东南亚的迁徙与傣泰文化圈形成的背景和原

---

① 郑晓云:《郑晓云学术研究文集》(2006~2011),中国社会科学出版社,2012,第248页。

因。郑先生曾多次到傣泰民族分布集中的缅甸、老挝、泰国、越南等国进行实地考察,访问了许多科研机构和泰人居住区,与当地的学者直接交流,并结合我国文献中有关傣泰民族进行比较研究,从而对我国与东南亚傣泰民族源流与迁徙有了正确的看法。其主要观点是:今天东南亚、南亚的泰人都是在历史上从中国向南迁去的,在研究方法上,不仅要依赖我国的历史文献记载,而且对傣泰民族自己的文献,对国外学者的相关研究,也应重视。

郑先生在论文中说:自公元 6 世纪后的几百年间,泰人不断地从云南迁入缅甸北部,公元 10 至 11 世纪,建立了勐卯王国,即中国史书所称的麓川政权。14 世纪,该王国的势力达到了鼎盛时期,它控制了整个掸邦,势力范围达到了整个缅甸及老挝、柬埔寨、泰国,并不断地侵犯中国,引起了明朝发兵三征麓川。1220 年左右,桑龙发(思伦发)率大军向勐宽征伐,将其变成了勐卯王国的第二大军事中心(勐宽辖地包括今整个缅甸北部）桑龙发以勐宽为基地继续攻伐，进入今天印度的阿萨姆地区，先是在一些地区建立了泰人的地方政权，于1229年建立了泰阿洪王国。随着开拓疆土行动的不断推进，使泰人的分布从缅甸北部扩大到了整个缅甸及老挝、越南、泰国和印度阿萨姆地区。

郑先生引用缅甸文献的记载说：人们普遍认为，泰人从云南迁入缅甸的高潮是公元6世纪，他们顺着南卯河（今瑞丽江）向南迁徙，定居在上缅甸的河谷地区，使其渐渐变成了掸邦的政治权力中心。随着经济的发展，一部分泰人向东南方向不断地分散到今天的掸邦高地的各个地方，有的继续往西进入泰国，这一部分人称为暹罗人。另一部分人向北走，进入印度北部阿萨姆，成了印度的阿萨姆泰人。

泰族是越南的第三大族体，2001年有104万人，主要分布在北部高地的山罗省、莱州省，其余的分布在清化省和义安省。2001年9月6日，郑晓云先生与一批从事泰学研究的越南学者座谈，他们说：越南不论哪一种泰人，大多数都是从云南的西双版纳迁徙来的，一个明显的证据是泰人家中有人死去时，人们在送葬时都要唱一些送葬歌，很多送葬歌中都唱到泰人是从西双版纳迁来的。

分布在越南的泰人，有红泰、白泰、黑泰、泰泐、摆夷等。他们从云南迁入越南的时间，最早的是公元六七世纪，大量泰人迁入越南是15世纪以后。越南学者认为，白泰是居住于中国的白夷的后代，公元2世纪已在红河右岸有了较多的分布，他们比黑泰先到达红河一带。泰人迁入越南的路线，一是中国的西双版纳，一是红河流域。"根据（越南）泰族的历史记载，他们的祖先大约在公元9世纪开始分别迁徙到越南的：一路从西双版纳迁来，另一路从湄公河过来。"从越南的文献和泰族的传说中可以看出，从西双版纳迁入越南的泰人数量最多。迁入的路线，一条是从西双版纳先迁到老挝北部，再进入越南的西北部；另一条是从西双版纳、思茅迁入今天的红河州西南部、南部,再顺李仙江(越南称沱江)、红河迁入越南西南部。

据越南大量的传说和历史记载,当地泰人的祖先是从红河上游迁到今越南的老街省一带的,尤其是14世纪的中后期,从红河流域迁入越南北部的泰人最多。云南红河(元江)上游的花腰傣在今天中越边境河口及越南境内都有分布。河口县的花腰傣从红河上游迁到越南北部,仅六七代人,约100多年历史。

泰国的泰人主要分布于泰北部和东北部,如清迈、清莱、夜丰颂等10多个府。泰人中最大的一支是泰元(意为大泰人),其余的有泰泐(傣泐)、泰雅(傣雅)、泰赕(黑傣)等,其中泰元、泰泐分布最广。泰人的迁入与泰文化的传播缔造了今日之泰国。

郑晓云先生在论文中说,泰人大规模迁入泰国并在当地产生广泛影响是在11世纪之后。泰北的文献记载,1150年在靠近南奔的滨河岸边曾出现一个泰人的村子。在此后的200年间有一些泰人自北方及东部地区开始进入兰那境内。

1135年，泰国北部出现了一个以泰人为主体建立的兰那王国（中国史书称为八百媳妇国）。兰那王国的开始一般以当地传奇性的王子坤真（《泐史》称帕雅真）的政权为标志。此前兰那的主体居民是南亚语系民族拉瓦人。1263年，勐泐王国的第四代王岛陇建宰的侄子召茫莱（其母为岛陇建宰之妹，其父为清莱王）在清莱建立了"茫莱王之城"，并占领了南奔，1296年4月12日，茫莱王建立了清迈（新城之意）城，1350年清迈基本控制了兰那地区。泰人在兰那取代了孟人的统治，泰文化也逐渐取代了孟-高棉文化而成为兰那的主流文化。

据《车里宣慰世系简史》记载，茫莱王是勐泐王国第一任国王帕雅真（即泰国所称坤真）的后人。帕雅真的四个儿子分别食邑勐兰掌（老挝）、兰那（清迈）、勐交（越南北部）、勐景洪（西双版纳）。这一史实与傣泰人迁徙的历史是相符的。1996年9月，在郑晓云先生应邀参加清迈

第三章 傣族支系的形成及迁徙

建城700周年庆典活动及学术研讨会时,许多泰国、缅甸、老挝的学者和官员都说,兰那城的创造人来自西双版纳,甚至有人说兰那的宗祖是西双版纳,"西双版纳王室是大王室,兰那王室是小王室。"

老挝学者认为,迁到老挝的泰人,主要是泰泐,与西双版纳的傣泐相同。他们是公元7世纪从西双版纳迁来的。有的在老挝定居,有的迁往泰国、越南和其他国家,有的泰人又从这些国家迁来。从老挝迁到西双版纳的也有,如分布在勐腊和景洪的克本人(后划归布朗族)。

二十世纪五六十年代,西双版纳的不少傣族迁入老挝,后来又迁到美国、加拿大、法国、英国、澳大利亚等国,成了居住国的公民、"外籍西双版纳傣族"。傣族居住较集中的美国丹佛、洛杉矶、西雅图等地,仍坚持信奉南传上座部佛教,信徒捐资修建了佛寺、佛塔,晋升了和尚、佛爷、祜巴,经常开展佛事活动,原汁原味地保留了傣族传统的饮食和其他生活习俗。他们说:"虽然我们身居美国，但心里却想着西双版纳，想着村旁的那条河，于是每隔几年总要回去探亲一次，并参加赕佛、祭寨神勐神的仪式。"

实事求是，是毛泽东同志的一贯教导，也是邓小平理论的核心。对历史事实，是就是，非就非，不能否定客观事实。傣泰民族历史上的南迁，是客观存在的事实。需要说明的是，南诏不是傣泰民族建立的国家，南诏的主体民族不是傣泰民族，傣泰民族大量南迁，不是在元灭大理之后被汉族压迫而南迁的。傣泰民族向何处迁徙，都有它的原因，要么因为战争、灾难，要么为了扩大领地，要么为了寻找适宜于自己生产生活的地方。在南诏时期，傣泰民族也曾经北迁，进入内地。

据元明时期的文献记载，南诏后期和大理段氏时期，傣族部落曾不断向北迁徙，使原有的傣族分布区，大为扩张，原属南诏直接控制的地区，到大理段氏时已成为其政权鞭长莫及的"徼外荒僻地"，这是因为傣族驱走了大理属官而控制了这些地区。据《元史·地理志》记载："开南州，……昔朴、和泥二蛮所居也。……至蒙氏兴,立银生府,后为金齿、白蛮所陷,移府治于威楚,开南遂为生蛮所据。自南诏至段氏,皆徼外荒僻之地。"明代汪俊《四夷馆考》也云:"景东府,古拓南也,唐南诏蒙氏为银生府之地。旧为濮、落杂蛮所居,后为金齿白夷侵夺,迄宋大理段氏莫能复。"也有南迁的,如西双版纳的傣族,是近两三百年来因逃荒、逃兵、战乱从新平、元江迁来的;允景洪曼允的傣雅是1932年外国传教士从元江基督教徒中带来的。

第四章 生机盎然的绿色产业

新中国成立以前,傣族地区的经济主要是农业经济,生产力水平低下。新中国成立后,傣族的农业经济有了飞快的发展。

粮食生产的稳定发展

据历史文献记载,早在两千多年前,傣族已开始种植水稻,并学会用牛犁田,驱象蹈田,成为世界各民族中植稻最早的民族之一。

神奇的稻种。傣族人民对稻种十分珍惜,每年稻谷收割之后,先留足稻种,再将其余的谷子逐步舂成米食用。稻种本来是人类在生产实践中寻找食物时发现的,就在二十世纪五六十年代、八九十年代,在西双版纳的沟谷旁边即多次发现

第四章 生机盎然的绿色产业

野生稻,目前世界上已发现的 11 种野生稻中,西双版纳就占了 4 种,足见傣族植稻历史是悠久的。稻种虽然是人类发现的,但傣族对它却感到十分稀奇,小小的一粒稻种,一播到秧田里就能发芽,长出秧苗,秧苗长大后又结出谷穗,这可是人类赖以生存的食粮呀!傣族先民对稻种的产生感到很神秘,就想象出了许多关于稻种由来的神话、传说。

一种传说讲到,稻种是由天神撒下来的。傣族创世史诗《巴塔麻嘎捧尚罗》中的一章《谷从天上来》描写道:稻种是上天之物,当天神开天辟地创造人类以后,看到人类因无食物而抢食树皮草根时,顿生怜悯之心,便把天上的稻种撒到地上,供人类食用。据说,这稻种大如西瓜,长有翅膀,能在空中飞来飞去。稻种在飞翔时,被大风打断了翅膀,大谷粒被打成了细小的谷粒,使人类有了种子。

第二种传说讲到,稻种是雅欢毫(谷魂奶奶)带来的。她的身上依附着所有的谷魂,给人类带来了谷种,有她在,地上就能生长稻谷;她一旦离开，稻谷就会消失。雅欢毫给人类带来了粮食，使人类和动物得以繁衍发展。因此，她不崇拜天神、地神和佛祖。当佛祖讲经时，所有的神仙都向佛祖下跪，但她却直挺挺地站着。她说，谷子是神圣的、至高无上的，我是谷类的祖先，当然是不能向佛祖下跪的。其言行遭到了天神帕雅英的呵斥，并被赶出了神仙队伍。雅欢毫飞离人间，世间稻谷顷刻消失，人类遭受饥荒，哀鸿遍野。佛祖只好认输，亲自去把雅欢毫请回人间，使人类又获得了粮食。此外，还有《麻簸提簸栽》，说稻种是动物帮助人找到的；《谷子的故事》说，谷种是魔王找到的；《谷子会飞》说，巨大的谷种被敲碎后，细小的谷粒散落在地上，钻进土里，是竹鼠打洞把地下的谷种找回来交给人类的。

粮食产业步步提高。傣族地区土地肥沃，雨量充沛，发展农业生产得天独厚。西双版纳历来虽被誉为"滇南的谷仓"，傣族传统的主粮是糯米，但缺乏高产的糯稻良种，糯稻产量很低。新

第四章 生机盎然的绿色产业

中国成立后,在科技人员的指导下,当地一方面改良糯稻品种,使其产量得以提高;另一方面逐步引进和推广优良的饭稻品种。为了解决低海拔地区的品种组合,自治州农业科技人员从1964年起,通过杂交育种,先后培育出了"珍白18""珍白134""珍白72""珍白54""二白31"等良种,并在水稻杂交育种的基础上,在推广"白壳矮"中选出"西双版纳1号"供推广。1972年,引种、试验、推广水稻良种"博绿矮"获得成功,使徘徊了10年的粮食生产迅速上升,突破了1965年的水平。20世纪70年代中期,农科部门又先后选育出"博选1号""博选3号""博选8号""博选30号"等粘稻优良品种和"6×#""25-1""318""干博4号"等糯稻品种。各品种良种种植均在万亩以上,其中"6×#"糯稻在勐海县种植达10万亩以上;"25-1"在全州种植4万亩以上,是当时糯稻的当家品种,解决了傣族民众吃不上糯米的问题。

20世纪80年代以后,除州农科所、勐海县农科所先育出"西双版纳9号""尤紫11号"等品种外,主要引进、繁殖、推广杂交水稻"汕优63"。1982年全州推广种植杂交稻1646亩,1985年推广至12万亩,平均单产388公斤。之后又引进"滇瑞408""滇龙201""滇瑞456""滇瑞449""滇瑞502"优良品种。其中,"滇陇201""滇瑞408""滇瑞502"已成为西双版纳优质稻的当家品种。到2005年,全州粮食种植面积125.4万亩,平均亩产282公斤,粮食总产量达353086公斤,分别比1955年增长96%、92%、2.7万倍。如今全州的粮食生产一直保持稳定的发展水平。景洪、勐海、勐腊三市县被列为全国、全省的商品粮生产基地,其中勐海、勐腊被列为全省优质米生产基地县,每年种植优质米30万亩左右,不仅全州粮食自给有余,而且每年可调出2万多吨支持其他地区。① 自治州的粮食加工目前

---

① 引自1955~1982年西双版纳傣族自治州统计局的统计数字和自治州政府历年的政府工作报告。

第四章　生机盎然的绿色产业

已初具规模,所加工的"孔雀牌201软米"和"502软米"已获国家认证,畅销国内外市场。

随着生产的发展,农民的收入不断提高,生活不断改善。2016年,全州贫困人口由11.4万人减少到2万人,农村常住居民年均收入达11049元,5年内年均增长15.7%。①

以遮放米为代表的优质软米,是德宏州培育成功的水稻良种。新中国成立以前,德宏种植的水稻品种主要是"毫木西""毫木吕"等,产量很低。1965年至1980年,该州先后引种"南京1号""矮中籼"等品种。1980年至2008年,他们一方面通过州农科所开展的杂交育种工作,先后选育出"滇陇201""德农203""德农204""德优2号""德糯2号""德优15号""德优16号"等9个省品种审定的品种和7个通过州品种审定

---

① 引自西双版纳傣族自治州政府2017年政府工作报告。

的品种。①

遮放贡米的栽培具有悠久的历史。得天独厚的自然条件形成了"遮放贡米"特殊的生态环境。遮放米曾被清廷指定为贡米。1956年，国务院有关部门将遮放米定为接待贵宾国宴专用米。1998年，潞西市粮食局向国家商标局申请注册了"遮放贡米"商标，先后荣获第三届全国粮油精品、绿色食品展示会优秀奖；国家内贸局食品流通开发中心"中国放心大米"；中国食品协会"优秀产品奖""消费者信得过食品"；"云南省消费者喜爱商品"等称号。近年来，遮放镇5万亩绿色食品优质稻原料基地建设项目的实施，进一步提高了"遮放贡米"的档次，为全州特色产业开发起了示范作用。②

---

① 引自德宏傣族景颇族自治州统计局统计数字(1965～1981)；《西双版纳傣族自治州概况》编写组：《西双版纳傣族自治州概况》，民族出版社（北京），2008。

② 《德宏傣族景颇族自治州概况》编写组：《德宏傣族景颇族自治州概况》，民族出版社（北京），2008。

第四章 生机盎然的绿色产业

橡胶种植业的兴起

橡胶是广泛应用于国防、国民经济和人民生活的重要物资,无论是飞机、人造卫星、火炮、舰艇,还是汽车、拖拉机、传动带、防护服都需要它,就连胶鞋、雨衣、皮鞋、救生圈、坐垫、橡胶褥垫、橡皮艇也离不开它。总之,从小女孩扎发辫用的橡皮圈到火箭、导弹,都需要橡胶制成的配件。

一、引种橡胶的历史

早在1904年,干崖宣抚使刀安仁从马来西亚引进800多株橡胶种苗,定植在盈江县新城乡凤凰山上。这是我国引种的第一批橡胶树种苗,比海南岛早1年,比台湾早2年。由于技术、管理、战乱等多种原因,这批橡胶树到1949年只剩下3棵。之后又先后枯死两棵,现只幸存1棵,被誉为"中国橡胶母树",已被列为国家重点保护树之一。

1946年，泰国华侨钱仿周等人，在泰国开设了"暹华股份公司"。他们知道祖国大陆还没有成规模的橡胶园，于是他们想到祖国的华南、滇南一带植胶。12月，公司派遣钱仿周途经新加坡、越南到昆明，准备到西双版纳考察，因交通闭塞，途中土匪众多，他只好沿老路返回泰国，再转道缅甸到西双版纳。1947年1月到达景洪。他考察了景洪、勐龙、勐罕、勐伦几个地方后，认为西双版纳的气候、土壤条件与马来西亚、泰国差不多，是可以种橡胶的。于是他向国民党车里县政府提出申请，要求划给暹华公司一块土地种橡胶。国民党当局为了从华侨身上榨取油水，经与代理宣慰使刀栋刚商量后，允许他们在景洪或勐罕（橄榄坝）任选一个地方种橡胶。

钱仿周回泰国向公司董事会会报后，就带着两个工人用马帮驮着50万颗橡胶种子于1947年5月到达橄榄坝，在那里选地，开辟苗圃，开始育苗。由于他们缺乏包装种子的经验，加上马帮在路上耽误的时间太长，所有的种子播到地里后都没有发芽。

钱仿周再次回到泰国,带着李宗周、木德彪、姚福美、林冬兰、郑开庭,于1948年8月从泰国曾里运实生树橡胶苗2万株,先后用火车、汽车、马帮于9月3日辗转运到橄榄坝,将胶苗定植于曼龙代,后又移植到曼松卡。这就是西双版纳最早的橡胶园——暹华胶园。

后因时局动荡,经费、管理跟不上,橡胶林屡遭牛践马踏、火烧,胶树只剩下300多株。钱仿周又在橄榄坝和泰国之间奔波,筹措资金。木德彪、姚福美、林冬兰、郑开庭四人于1949年8月返泰不归,只好由李宗周及其妻子玉捧负责管理胶园。

二、国营橡胶的诞生

新中国成立后,为了冲破帝国主义对我国的封锁禁运,1954年8月上旬,中央财经委员会召开全国橡胶工作会议,与会的云南代表将暹华胶园三叶橡胶树的照片拿给副总理兼财经委员会主任陈云同志过目。31日,政务院第100次会议指出:橡胶是重要的战略物资,为了对付美英帝国主义对我国的经济封锁,保证国防及经济建设需要,必须发展橡胶种植业,争取橡胶自给。会议决定,从1952年起,以最快速度在华南、西南五省区植胶,其中云南植胶100万亩,并责成各植胶区迅速组织调查队查明宜种橡胶的区域。

根据政务院的指示,云南省农林厅于1951年10月8日召开林业工作会议,决定成立滇西、滇南、思普三个区的调查工作队,由森林学教授秦仁昌、植物分类学研究员蔡希陶、植物分类学副研究员冯国楣分别领队。调查队于当月出发,赴三个地区调查产胶植物及宜胶林地。

1951年7月,普洱专区成立林垦工作站,从当年9月至1953年4月,对西双版纳的植胶资源进行了初步调查,发现这里有央当杜、大叶鹿角等野生产胶资源,并曾经引种过苏联橡胶草。该站到暹华胶园了解情况,并应胶园经理钱仿周的请求,同意由林垦工作站代管暹华胶园,吸收钱

第四章 生机盎然的绿色产业

仿周为工作站技术员，李宗周为技工，将尚存91棵橡胶树的暹华胶园作为第一个橡胶试验场所。

1953年2、3月间，云南省又组织了一次规模更大、级别更高的调查。参加普洱专区调查的有国家林业部、中科院植物分类研究所、中央军委气象局、西南农学院、南京农学院和云南垦殖局等。尼单维耶夫、基里连科等5位苏联专家，田霍亭、蔡希陶、何金海、侯光炯、余达泉、方仲达、王科、吴维松、黄泽润、王重明等中国专家、学者共26人参加。专家们到西双版纳调查后，认为这里虽然地处热带北缘，约北纬21°10′至22°40′之间，大大超过了北纬17°的"植胶禁区"，但它处于东亚季风区，地势荫凹，河谷与山峦相互交错，北有哀牢山、无量山为屏障，阻挡了南下寒流的侵袭；南面靠近印度洋和孟加拉湾，受印度洋西南季风和太平洋东南季风的影响，造成了高温多雨的气候特点，完全具备了植胶条件。但要大面积种植橡胶，须经试验再推广。

1953年9月，省林业厅在景洪成立了"特种林指导所车里特种林试验场"（即省热带作物科学研究所的前身），并以暹华胶园为基础，建立该场的试验分场。1955年5月，橄榄坝试验分场试验割胶，李宗周试割12棵胶树，并用土法将胶乳加工成胶片。经试验场和海南、上海等有关科研单位鉴定，胶片质量可靠。

在取得试验成果和可靠资料的基础上，1955年下半年中央决定开辟云南垦区，发展橡胶种植业，从华南垦殖局抽调干部和技术人员支援云南，正式布点开发。经过试种，橡胶树生长良好。科研人员经过反复试验，针对不同的海拔高度和阴阳坡地形，种植不同品系的橡胶树，从引进种子、技术到对自己试验、改革、栽培的橡胶树进行研究，形成了生产能力，并成功地创造出具有中国特色的橡胶科学体系，总结出了适应西双版纳自然条件的橡胶管理科学方法，冲破各国专家认定的"植胶禁区"，把橡胶种植移至北纬21°~23°。

西双版纳的国营橡胶农场是从1956年开始建立的，到2005年，全州10个县级国营农场有75

个分场，541个生产队，总人口143973人。当年，橡胶种植面积已达120.31万亩，干胶产量10万吨，分别占全省农垦系统植胶面积和干胶产量的3/4；已开割的橡胶树平均亩产干胶137公斤，居世界产胶国领先地位。[①] 景洪农场近20年年生产干胶超过2万吨，被国务院授予"中华胶王"的光荣称号。东风农场后来居上，年产干胶也超过了2万吨。2014年，西双版纳州橡胶种植面积（含国营、民营）达441.0247万亩，干胶产量达32.21万吨。

三、民营橡胶

为了帮助各兄弟民族尽快富裕起来，省热带作物科学研究所和各农场也抽出一定的人力物力帮助当地各兄弟民族发展民营橡胶。1964年，农垦部部长王震亲临西双版纳，鼓励在发展国营橡胶的同时，积极扶持当地兄弟民族发展民营橡胶。

---

① 一般地区亩产干胶为60至80公斤，植胶先进国家亩产干胶80至120公斤。

热作所和各农场派出大批的技术人员，深入各乡镇，扶持、帮助各族农民发展民营橡胶。到1966年，全州已定植民营橡胶22638亩。

1978年12月以后，随着党的各项政策的落实，民营橡胶得到了应有的重视。州政府把发展民营橡胶作为本州宜胶农村地区实行多种经营的骨干项目，明确提出宜胶地区"以粮为主，粮胶并举，多种经营，综合发展"的方针，并采取有力措施，扶持各族农民种植橡胶。如：农民定植1亩橡胶，国家给予无息贷款50元；橡胶幼林管理按不同的树龄每年每株分别给予0.6元、0.5元、0.4元的补助，使农民在橡胶树开割前就得到了一定的经济实惠。

1980年，国家制定了"以国营为主，国营、民营两条腿走路，发展橡胶"的方针，并对民营橡胶的发展制定了具体的扶持政策，使民营橡胶有了飞快的发展。热作所、农垦分局及其所属各农场大力支持各族农民发展民营橡胶。从分局到各总场、分场都设立了民营橡胶科，先后派出数

第四章 生机盎然的绿色产业

百名干部、技术人员深入各村寨,帮助农民种植橡胶。农民缺乏胶苗就支持胶苗,缺乏胶刀就支持胶刀。到1994年,全州民营橡胶面积已达63万亩,其中开割面积18万亩,年产干胶14971吨。随着橡胶开割面积的不断扩大,收入也逐年增长。各族农民深深体会到橡胶树浑身都是宝,于是发展民营橡胶的积极性大为提高。2014年,全州民营橡胶面积超过200万亩,干胶产量13万吨。①

普洱茶乡更辉煌

据历史文献记载,西双版纳具有数千年的植茶历史,是驰名的普洱茶原产地的核心区,是世界上大叶种茶的发源地。

江内六大古茶山。古时的西双版纳,以澜沧江为界,曾有江东六版纳(版纳勐腊、勐伴;普

---

① 《西双版纳傣族自治州概况》编写组:《西双版纳傣族自治州概况》,民族出版社(北京),2008。

腾、勐旺；勐拉、勐往；勐捧、勐润、勐渤；勐乌、乌德；整董、倚邦、易武）和江西六版纳（版纳景洪、勐罕；勐龙；勐遮、景鲁、勐翁；勐混、勐板；勐真、勐海、勐阿；景洛、勐满、勐昂、郎妄、勐康）之称，又将江东和江西分别称为"江内"和"江外"。

早在8世纪，唐人樊绰在《蛮书》卷七中说："茶，出银生城界诸山，散收，无采造法。蒙舍蛮以椒、姜、桂和烹而饮之。"

方国瑜在《闲话普洱茶》中说："产茶的'银生城界诸山'在开南节度辖界内，亦即在当时受南诏统治的今西双版纳产茶地区。"银生城又叫银生府，是南诏设在"墨嘴"之乡的银生节度所在地。

尤中在《中国西南边疆变迁史》中说："'茫蛮部落'是傣族先民的一部分。还在阁罗凤时期，就在今西双版纳傣族自治州设置了银生节度。故《南诏德化碑》说：'建都镇塞，银生于墨嘴之乡'。即在'墨嘴'人居住的地方筑城镇，设银

第四章 生机盎然的绿色产业

生节度。'墨嘴'即'黑齿',指傣族。……碑阴职官题名有'赵龙细利',也可以写为'召龙细利'。此人显然是傣族,而且就是银生节度使。"

明万历末年(约 1620 年),在云南为官的谢肇制在《滇略》一书中,第一次提到了普洱茶这一专用名词:"土庶所用,皆普茶也,蒸而成团。""普茶"就是普洱茶,因为当时西双版纳属普洱府管辖,普洱又是西双版纳所产茶叶的集散地,普洱茶因此而得名。

"银生城界诸山"究竟是哪些山呢?

清人赵学敏在《本草纲目拾遗》中说:"普洱茶出云南普洱府……普洱茶山在车里军民宣慰司北,其上产茶,性温味香,名普洱茶……普洱茶产攸乐、革登、倚邦、莽枝、蛮砖、慢撒六茶山。"阮福在《普洱茶记》中说:"普洱茶名重天下,味最酽,京师尤重之。"檀萃在《滇海虞衡志》中说:"普洱茶,名重于天下,出普洱所属六茶山,一曰攸乐、二曰革登、三曰倚邦、四曰莽枝、五曰蛮砖、六曰慢撒,周八百里,入山作茶者数十万人,茶客收买运于各处,可谓大钱粮矣。"

以上六大茶山,自古以来均在西双版纳境内。攸乐即今之基诺山,是景洪辖区的基诺族乡。革登、倚邦、莽枝、蛮砖四大茶山分布于今勐腊县象明彝族乡。慢撒茶山分布于勐腊县易武乡境内。易武茶山崛起后,慢撒、易武茶山均称易武茶山。以上六大茶山又称江内六大茶山。

江外九大古茶山。古时由于澜沧江的阻隔,交通的闭塞,内地文人很少有人知道西双版纳澜沧江以西(即江外)的九大古茶山,因此这九座古茶山名不见经传。它们是南糯、帕沙、贺开、布朗山、巴达、勐海勐宋、景洪勐宋、曼诺、景迈(澜沧县境内)古茶山。其实,江外九大古茶山的茶叶与江内六大茶山产的茶叶,同样是叶肉肥硕、茶头显露,香味浓郁,品质毫不逊色。20世纪50年代中期,科技工作者在勐海县南糯山发现了两棵栽培型的大茶树,高5.5米,主干直径1.35米,被誉为"茶王树"。其中枯死了1棵,

从锯下的树干的年轮和化学分析推断,已有800多年的树龄。1962年2月24日,科技工作者在该县巴达乡小黑山的原始森林里,发现了一片野生大茶树群,其中1棵直径1米,株高32.12米,至少有1500年以上的历史。这一消息,震惊了整个世界,证明了西双版纳是大叶种茶的发源地。从而使英国人所谓大叶种茶原产地是英属印度的神话不攻自破。

1980年,云南茶科所的科技人员又在巴达山上发现1株高34米、直径1.21米的野生大茶树,树龄为1700多年。

"瑞贡天朝"的普洱茶。早在明代后期,普洱茶就被封疆大吏看中,把它送进京城献给皇帝品尝,从此普洱茶开始发迹。清廷将普洱茶定为"贡茶",规定每年需上贡66000斤至90000斤,同时需备"八色贡茶",即5斤、4斤、1斤及1两1钱重团茶各1包;用瓷瓶装芽茶、蕊茶各1瓶;用木匣装茶膏各1匣,共8包,进贡天子饮用。进贡天子的茶叶是十分讲究的,阮福在《普洱茶记》中说:"二月采毛尖,以作上贡,贡后方能出售。"也就是说,凡被指定为贡茶的茶山,需将上贡的茶选好,方能出售。采茶也需"五选八弃",即:选日子、选时辰、选茶山、选茶丛、选茶枝;弃无芽、弃叶大、弃叶小、弃芽瘦、弃茶曲、弃色淡、弃出食、弃色紫。

从明末至清末,皇室成员均以自己家里藏有普洱茶为荣耀。清末代皇帝爱新觉罗·溥仪曾对著名作家老舍说:"普洱茶是皇室成员的宠物,拥有普洱茶是皇室成员显贵的标志。"

据史料记载,清廷的普洱贡茶主要由思茅厅采办,并在普洱设贡茶厂加工包装,再逐级押运进京作贡。《普洱茶记》说:"福又检贡茶案册,知每年进贡之茶,列于布政司库铜息项下,动支银一千两,由思茅厅领去转发采办,并置办收茶锡瓶缎匣木箱等费。"又说:"茶产六山,气味随土性而异,生于赤土或土中杂石者最佳,消食散食解毒。于二月间采蕊极细而白,谓之毛尖,以作贡。"从1729年至1911年,思茅厅采办贡茶的

第四章　生机盎然的绿色产业

官差，每年在春茶开采之前进入六大茶山督促当地头目采办贡茶。在贡茶、官茶未按数额收缴归仓之前，一律不准茶商进入茶山购茶，粗茶和精制茶均不准上市交易。在茶山往来者要接受官差检查。采收贡茶期间，各条茶马驿道均设关卡，严查偷运。

云贵总督为了防止茶商以采办贡茶之名进入六大茶山购茶，专门铸造了一把精巧的铜质令牌，作为押运贡茶过关的"尚方宝剑"。不持铜令牌者，在采收贡茶时严禁运茶。

如今香港、台湾品茗大师和茶叶收藏家，仍收藏有西双版纳福圆号、同庆号、同昌号、鸿昌号、杨聘号圆茶等普洱茶和贡茶精品。这些圆茶的内票上有的注明该厂开业于倚邦大街，有的注明本号住易武大街。有的还收藏有佛海试验茶厂出产的鼎兴圆茶、可以兴砖茶、末代紧茶等。

"普洱金瓜贡茶"是现存普洱贡茶中的至尊极品。这团清代光绪年间的贡茶，是1963年清理宫廷存留的贡茶中发现的。台湾普洱茶专家邓时海,曾经造访过普洱贡茶厂,他在《普洱茶》一书中说:"金瓜贡茶乃是采用西双版纳倚邦之茶所制。普洱茶的茶膏,是来自云南省最南境的六大茶山,由马帮走过了两三百里的石块古茶道,运送到普洱府宁洱县城的普洱茶厂,再加工精制成各类普洱贡茶。"

普洱茶乡的衰落。由于普洱茶"名重于天下,京师尤重之",茶商蜂拥而入,贪官污吏也纷至沓来,榨取民脂民膏。清廷将贡茶的数量不断攀升,并于思茅设"官茶局",于各产茶区设子局,于易武、勐海、勐遮设"银粮茶务军功司厅",控制茶叶贸易,管理"贡茶"以及钱粮夫役门户,规定"每茶一担收银三钱"。

据《普洱府志》载:雍正十三年(1735年),清廷规定茶捐,每100斤茶为"一引",每引收税银3.2钱,当年就颁发3000引,收得税银9600两。以后逐年增加,最多的一年达10000引,收税银32000两。正如吴应枚所说,"普洱产茶,颇为民害。"(引自《滇南杂记》)

第四章 生机盎然的绿色产业

由于六大茶山声名远播，茶农的负担也越来越重了。思茅厅采办的贡茶，虽由六大茶山分担，但必须在指定的茶山采摘。负责采办贡茶的官差，勒令茶农按节令、质量采摘加工。如果延误了缴纳贡茶时间，就会受到严厉的惩处。采办贡茶的官差，人人趁机责令茶农缴纳官茶，各村应缴纳贡茶与官茶的数量，多凭官差信口而定，茶农苦不堪言。没完没了的摊派、赋税曾引发茶农和茶山土千总刀兴国对清廷的积怨与反对。雍正十年（1732年），清廷以刀兴国反叛为名派大军进剿以倚邦为中心的六大茶山，惨遭杀戮的茶农不得不弃茶园而逃。由于茶捐过重，茶乡日渐衰落。清末，西双版纳的普洱茶产量已由10万担下降到5万担，茶农纷纷弃茶园另谋生路。抗日战争中、后期，由于内外销路被截断，西双版纳的茶叶生产跌到了2500担，至1949年，仍未突破这一数字。

兴旺的普洱茶乡。新中国成立后，在党和政府的关怀下，先后建立了勐海茶厂和省茶叶研究所，帮助和指导茶乡农民改造旧茶园，开辟新茶园,恢复和发展茶叶生产。有关部门和民族工作队深入茶区调查研究,发放救济粮款,提供生产工具和化肥、农药等,帮助茶农解决生产生活上的困难。勐海茶厂、茶科所和车佛南红茶推广队指导和帮助茶农管理茶园,从各方面帮助茶农恢复和发展茶叶生产。同时人民政府还合理地调高了茶叶价格,以调动茶农种茶的积极性。因此,茶叶生产得到了迅速的恢复和发展,1953年上升到14000多担,1957年又上升到34995担。1964年,有关部门向茶区推广了一批较为密植的新式茶园,各县区也开辟了一批高产密植的新茶园。

党的十一届三中全会以后,西双版纳加快了茶叶生产的步伐,各乡镇相继办起了乡镇企业,将茶叶生产作为主产来发展。2005年,全州有茶园42.75万亩,干毛茶产量19371吨,精制茶产量8147吨。2013年,全州茶园面积增至82.54万亩,干毛茶产量39322吨(3932200担),相当于1949年的39322倍,精制茶26367吨。

茶叶的加工、精制也登上了新的台阶。1950

第四章　生机盎然的绿色产业

年,国家将于1939年建立的南糯思普茶厂和1940年建立的佛海实验茶厂接收过来时,只有几间破烂的厂房和3台残缺不全的制茶机器。1952年,佛海试验茶厂恢复重建,后逐步发展并更名为勐海茶厂。1958年,国家对勐海茶厂进行扩建,装置了80多台制茶机器。二十世纪五六十年代,该厂主要生产传统普洱紧玉茶、滇红功夫茶、滇红碎茶、绿茶等茶叶产品。70年代开始生产现代普洱茶,是现代普洱茶最早的生产厂家。八九十年代,该厂生产"大益"牌红茶、绿茶,紧玉茶(传统普洱茶)和特种茶(现代普洱茶)4大类100多个花色品种,年产量达5000吨,普洱茶出口量占全省的60%以上。到21世纪,该厂已建成设备配套先进、技术力量雄厚、检测体系完善、管理严谨规范、年生产各类茶品能力达7500吨的现代茶叶加工企业。①

---

① 《西双版纳傣族自治州概况》编写组:《西双版纳傣族自治州概况》,民族出版社(北京),2008。《西双版纳傣族自治州志》及各县县志。

此外,大渡岗茶厂、陈升茶厂、古茶山茶业有限公司、六大茶山茶厂、郎河茶厂、兴海茶厂、福海茶厂、勐海七彩云南茶厂等,都是上规模、上档次的现代化精制茶厂。

蔗糖产业富了傣家

蔗糖是傣族农民增收的主要渠道之一。傣族地区种植甘蔗历史悠久。传统的甘蔗种植方法有新植和宿根两种。新植的甘蔗一般产量较低,它长高砍掉后留下的第一宿根产量最高,但宿二根、三根之后产量逐年下降。由于农科人员改变甘蔗耕作制度和技术上的创新,1958年德宏州植蔗面积从1952年的1132亩上升到1.06万亩,甘蔗产量由2527吨增加到2.71万吨。当年,全州第一家机制糖厂诞生,机制红糖、白糖出现,土法制糖逐年减少,1985年基本消失。机器榨糖与土法制糖相比,榨量大,出糖率高,产品成本较低,机榨甘蔗逐年发展。

西双版纳的傣族农民,很久以前就掌握了水

第四章 生机盎然的绿色产业

车、牛拉及人力拉动的木制榨汁和手工铁锅熬制红糖的技术。1961年后,该州相继建起了普文、黎明、景真、勐阿、勐捧、勐腊6家国营糖厂,2003年组建英茂集团糖业公司。至2013年,全州甘蔗面积为217256亩,甘蔗产量1006197吨,生产成品糖134356.65吨。

1982年前,元江县仅有两家机制糖厂,日处理甘蔗仅800吨左右。随着甘蔗面积的扩大,产量的大幅度增加,该县对原有的两家糖厂进行了扩建和改造,并于1984年和1986年分别新建了两家机制糖厂。不久制糖企业改制,成立了金珂糖业有限公司。2007年,全县甘蔗面积达15万亩,产精制糖65万吨以上,蔗农收入达1.35亿元,比上年增加2200万元。

景谷县提出"粮蔗并举,主攻旱地,提高单产,增加总产"的措施,先后引进近20个甘蔗良种,良种覆盖率达82%,2007年植蔗面积10万亩。该县建起了钟山、永平两个白糖厂,日处理甘蔗分别为500吨和1000吨。2009年,该县引进云南力量生物制品有限公司,对钟山、永平两家糖厂进行整合,该县蔗糖业由国营企业转变为民营企业,实现了"公司+基地+农户"的产业化经营格局。

耿马、双江等县的蔗糖也有了较快的发展,农民生活逐年提高,生活逐年改善。①

森林覆盖率不断上升

傣族地区的林业资源是十分丰富的。据调查,1950年西双版纳森林面积约1218万亩,占全区总面积的42.3%。若加上灌木林,全区森林覆盖率在60%以上。

自治州建立后,随着经济建设的发展,生产生活所需能源增多。在电力、煤炭、液化气尚未开发之前,全州工业生产和人民生活所需能源大

---

① 《西双版纳傣族自治州概况》编写组:《西双版纳傣族自治州概况》,民族出版社(北京),2008。《德宏傣族景颇族自治州概况》编写组:《德宏傣族景颇族自治州概况》,民族出版社(北京),2008。景谷傣族彝族自治县、耿马傣族佤族自治县、双江拉祜族佤族布朗族傣族自治县等县的县志。

第四章 生机盎然的绿色产业

多靠烧柴,加上公用建筑用材,年耗木材100万立方米以上。山区历史上沿袭下来的"刀耕火种"的落后耕作方式,一时难以改变,毁林开荒现象十分突出。1958年至1962年,"大跃进"和"人民公社化"期间毁林开荒61.83万亩,山林火灾烧毁森林237万亩,全州森林覆盖率下降到36%。

"文化大革命"期间,各级政府和林业部门陷于瘫痪,各种林业规章制度被废除。山区盲目地执行"以粮为纲"的方针,大张旗鼓地毁林开荒,森林资源遭到严重破坏;低山的水源林、竜林,大部分被砍伐种了橡胶;1979年至1980年,实行"包产到户",由于对毁林种地控制不严,旱地猛增,森林又遭受了严重的损失。1980年12月,全州森林面积仅有235.95万亩,森林覆盖率下降到29.63%,加上灌木林,全州森林覆盖率也只有55.65%。

为了制止毁林开荒,保护热带雨林和珍稀动植物资源,自治州制定了严禁毁林开荒、合理开发利用自然资源的规划,在保护好现有森林资源的前提下，合理开发热带自然资源，于1980年重新划定了勐养、勐仑、勐腊、尚勇、曼稿五片国家级自然保护区362万亩（后又增划纳版河国家级自然保护区40万亩，州、县市也划定了本级的自然保护区100多万亩，使三级保护区增加至500多万亩）；大力提倡植树造林，宣传保护森林的意义，将每年的6月1日定为全州的"植树节"，仅1983年就造林2700多亩；实行林业"三定"，划定了国有林、集体林、农民个人的山林权属范围；认真贯彻国家森林法，并制定了《云南省西双版纳傣族自治州森林资源保护条例》；调减了山区的公余粮任务，减轻农民负担，以利于制止毁林开荒，扶持山区农民发展经济作物和药材，使山区尽快脱贫致富。

1972年以来，自治州注意发展珍贵用材林。科研部门发掘出了云南石梓、顶果木、八宝树、山桂花、毛麻楝、绒毛番龙眼、多头水团花、黑黄檀、望天树、团花树等生长迅速、材质优良、适合当地发展造林的树种，于1983年营造出400多亩示范林，向全州推广。近年来，自治州发动

第四章　生机盎然的绿色产业

各县市、机关单位、部队和企业，大力种植珍稀、优质的树种。对乡镇农民，免费提供树苗，使造林面积不断扩大。1993年，全州森林覆盖率上升至63.68%，2005年上升至67.7%，2010年上升至78.13%，2015年上升至80%以上。

1984年3月，德宏州人大制定了《德宏傣族景颇族自治州关于贯彻〈森林法〉的补充规定》。该规定既维护了《中华人民共和国森林法》的严肃性，又考虑到本州山区各族群众的实际困难而有所放宽，同时以法规的形式鼓励开发荒山、植树造林，对保护森林、加快林业发展起到了很好的作用。2010年，全州森林面积达1000万亩，森林覆盖率达63%，森林蓄积量达9000万立方米，使水土流失得到缓解，生态环境得到进一步改善。①

---

① 《西双版纳傣族自治州概况》编写组：《西双版纳傣族自治州概况》，民族出版社（北京），2008。《德宏傣族景颇族自治州概况》编写组：《德宏傣族景颇族自治州概况》，民族出版社（北京），2008。

第五章 工交商贸信息欣欣向荣

傣族地区的工交、信息,新中国成立以前几乎是一张白纸,商贸经济也很落后。除了民间的交易以外,没有专门的贸易机构。新中国成立以后,尤其是实行改革开放以后,傣族地区的工交、信息、财贸发生了翻天覆地的变化。

工业、信息的腾飞

傣族地区历史上都以农耕为主,基本上没有什么工业和通信设施。1950年以前,西双版纳除了佛海试验茶厂、思普茶厂以外,只有民间沿袭的手工作坊,如:制盐、制茶、制樟脑、纺织、印染、酿酒、榨制红糖和铁木农具制造,规模很小,产量很低。

第五章　工交商贸信息欣欣向荣

新中国成立后，在原佛海试验茶厂的基础上，新建了勐海茶厂，恢复了磨歇盐厂的生产。1954年，自治州建立了景德工厂，接着，又相继建立了景洪商业食品厂、印刷厂、粮食加工厂等。1953年，全州工业总产值仅68万元。在国家的扶持下，1961年，流沙河水电站建成发电，普文糖厂建成开榨。之后，又相继建成了州化肥厂、景洪造纸厂、勐海大河沟煤矿等工矿企业。制药、建材、陶瓷、油漆、涂料等行业有了一定的发展。至20世纪70年代末，自治州工业投资逐步向能源、基础设施、重点骨干企业倾斜，先后完成了勐海宾房电站二期工程、景洪流沙河七级电站建设，建成了州机砖厂、水泥厂和景真、勐阿、勐捧、勐腊等6个机制糖厂，全州的工业经济初具规模。

党的十一届三中全会以后，西双版纳的工业发展迅速，初步形成了以制糖为核心，以电力、建材、冶金、制药、制茶、制胶、木材和食品加工为主体的具有地方特色的工业体系，尤其是景洪水电站的建成投产,使西双版纳的工业、能源产业又登上了新的台阶。该电站枢纽由挡水建筑物、引水建筑物和坝后式厂房、变电站、通航建筑物构成。拦河坝碾压混凝土重力坝,最大坝高108米,坝顶高层612米,坝顶总长705米。水库正常蓄水位为602米,总库容11.4亿立方米。电站安装5台混流式水轮发电机组,单机额顶容量350MW,总装机容量1750MW,梯级联合运行时保证出力771.9MW,年均发电量79.3亿KW·h。2013年,全州有工业企业3046家,工业总产值1061618万元。

从自治州建立至20世纪80年代中期,西双版纳的通信事业发展较缓慢。电话用户基本上是单位,农村、农场大部分用的是古老的"摇把子"电话,而且电话只通到行政村一级,个人想有一部私人电话是梦想。自动拨号电话只有县城才有。这段时间的长途电话和农村电话都是依靠人工转接的模拟制电话,想打电话到北京,有时甚至一整天都打不通。

第五章 工交商贸信息欣欣向荣

1989年，自治州开始建设具有长途直拨功能的自动电话交换系统，1991年开通国内国际长途电话直拨业务。从1993年起，自治州从国外引进了大容量的程控电话交换系统，建成了通往昆明的微波通信线路，解决了长途线路紧张的"瓶颈"。之后，又陆续完成了电话号码升位、全州长途区号统一、农村电话并市话、长途高速数字光缆通信干线、卫星通信线路、无线数字寻呼系统（BP机）、蜂窝无线移动电话系统等一系列工程建设。1998年国际互联网进入西双版纳，傣家人陆续用上了手机，全州开始步入了通信现代化的新时代。

水陆空一体的交通网络

过去傣族地区的交通，除了抗日战争时期滇西有一条滇缅公路、南峤县有一个简易军用机场以外，交通是十分闭塞的。就以西双版纳为例，那时傣家人常说："人不过江，马不钉掌"，这说明这里没有公路、桥梁，傣家人是走不远的，就像没有钉掌的马一样。

一、四通八达的公路交通网

在国家的扶持和内地的支援下,1953年12月,昆洛公路修通景洪,接着,又修通了景洪至勐海、勐遮、勐养至勐腊的公路,之后又修通了县乡公路,使西双版纳的交通面貌有了一定的改善,促进了边疆经济、文化的发展。然而,在改革开放以前,国家经济困难,公路等级低,晴通雨阻的现象较为严重。改革开放以后,西双版纳进入了以公路基础设施建设为重点的大发展时期,全州用于这方面的资金相当于改革开放前的40几倍,先后掀起了三次公路建设高潮,完成了"三桥九路"建设,使西双版纳昔日运输靠人背马驮的现象成为历史。

改革开放以来,西双版纳新建公路之多,规模之大,速度之快是前所未有的。到2011年,全州公路通车里程达8729.31公里,是改革开放前的14倍。未纳入国家统计范围的乡村、胶林、茶

第五章 工交商贸信息欣欣向荣

区公路已达2396.3公里。1987年,全州256个行政村率先实现村村通公路,走在了全省的前列。2011年,全州31个乡镇全部修通柏油路,新增柏油路447公里,是改革开放前的7倍。昆曼大通道已全线贯通。集安全、环保、经济、舒适、景观为一体的思小、小磨高速公路,以迷人的姿态展示在世人面前。景混、景大、佛打、惠海二级公路已先后建成投入使用;一批批乡镇、行政村、自然村公路正在提速升级;村寨水泥路、环村路也在村民的努力下加快建设。至2011年,全州已拥有运营载客汽车2517辆,其中班线客车122辆,旅游车494辆,出租车563辆。货运车辆从1991年的2405辆增至11471辆。①

作为泛亚铁路中线的玉磨铁路正快马加鞭地进行修筑之中,不久将与正在修筑的老挝铁路相接,使泛亚铁路全线贯通。

---

① 《西双版纳傣族自治州概况》编写组:《西双版纳傣族自治州概况》,民族出版社(北京),2008。

二、开通澜沧江·湄公河黄金水道

发源于青藏高原唐古拉山吉富县的澜沧江-湄公河,一江连六国,它是沿岸各国人民的母亲河。流经西双版纳的河段长171公里,从勐腊关累港流出国境。流出国境后的河段称为湄公河,意为母亲河。

由于险滩密布,暗礁四伏,过去的澜沧江大船、小船均不能通航。仅景洪到橄榄坝30多公里的一段江面,就有几十处险滩,几十个暗礁。1953年下半年,允景洪渡口制造了一艘运载汽车渡江的大木船,初步改善了两岸的交通。1955年,允景洪建立了澜沧江航运站,开始组织力量进行炸礁工作,使小木船能行驶于景洪至橄榄坝之间的江面。1964年,长达333米的允景洪大桥落成。1965年,一支由解放军指战员、云南航道工程处工人和技术人员组成的航道工程队,开始了疏浚航道、整治澜沧江的工作。经过7年的奋战,开阔了河床,扫平了104个险滩,开挖引河

第五章 工交商贸信息欣欣向荣

52000多米，使航道普遍加深了1米多，从上游的小橄榄坝至下游的关累150多公里的江面，百吨以下的轮船、汽船可以自由行驶，从而结束了澜沧江自古以来不能通航的历史。1999年，长达600多米的斜拉桥"西双版纳大桥"也落成了，它不仅是一座公路桥，也是一座景观桥。不久，从世纪金源大饭店江边至傣王故宫遗址的一座钢筋混凝土大桥也竣工了。从橄榄坝至景哈的橄榄坝大桥正在紧锣密鼓地修建之中，不久即将竣工投入使用。以上工程的完成，极大地改善了西双版纳的交通。

20世纪90年代末，国家批准设立国家级一类口岸景洪港，下设橄榄坝、关累两个码头。2011年5月13日，景洪港建成通过国家验收。6月26日，中缅老泰四国交通部负责人在景洪港举行四国商船正式通航仪式，根据协议，四国缔约方一致签约的共有13个港口，即：中国的思茅、景洪、勐罕（橄榄坝）、关累；老挝的班赛、相果、勐莫、会晒、琅勃拉邦；缅甸的万盛、万崩；

泰国的清盛、清孔。四方缔约国任何一方的船舶均可以在中国思茅港至老挝琅勃拉邦港航线上自由航行。

在航道整治上，国家投入了近3亿元人民币用于澜沧江航道疏浚和无偿援助湄公河航道疏浚工程，使航道从过去的六级上升为五级，全年可通行300吨以下的船只，为景洪港、关累码头（后申报为关累港）创造了具备对外开放的条件。[①]

三、航空业大展宏图

1956年，西双版纳傣族自治州人民政府曾向省政府报告，请求在景洪修建飞机场，并与昆明军区协商确定在景洪修建一个军民合用机场。之后，空军工程队曾派人到景洪实地勘查，确定了军民两用机场的范围，决定动员曼广龙、曼光迈、曼景栋囡等村搬迁，将战斗机的机窝建在曼广龙

---

① 《西双版纳傣族自治州概况》编写组：《西双版纳傣族自治州概况》，民族出版社（北京），2008。

西边的槽沟里。后因忙于修建思茅机场，西双版纳筹建机场一事就被搁置了。

随着改革开放的深入，西双版纳已从对外开放的末端变为对外开放的前沿，修建西双版纳机场被提到党和国家的议事日程上来。1984年10月16日，州政府向省政府呈报了《关于筹建西双版纳机场的报告》，提出由州、县和有关单位共同筹资，力争用3年时间完成机场建设。1985年1月4日，云南省政府向国务院、中央军委呈报《关于兴建西双版纳机场的报告》。4月，国家计委、中国民航局有关负责人、专家亲临西双版纳，就机场场址选择、建设规模作实地考察，初步确定机场建在嘎洒，并向国家计委作了报告。7月18日，国务院、中央军委同意在西双版纳兴建嘎洒民用机场，按二级机场起降波音737型飞机的技术要求进行施工。

为了筹建机场，经州人民政府研究，并与有关方面商定：州属三县集资500万元（其中景洪市250万元，勐海150万元，勐腊100万元）；向农垦系统借资400万元；州政府由财政支出500万元；向建设银行贷款700万元，合计2100万元，其余由国家民航投资900万元，省政府补助500万元。因修改设计图纸及物价上涨等诸多因素，最后总投资达4307.2万元，其中国家投资1122.1万元，省政府补助843.1万元，州内自筹2342万元。

机场于1987年12月1日动工，1990年4月7日通航。1997年1月1日被国务院批准为国际口岸机场。机场正式运营以来，先后开通了20多条国内航线和4条国际航线。通航的城市有昆明、成都、重庆、武汉、广州、深圳、上海、北京、天津等国内城市，泰国的曼谷、清迈，老挝的琅勃拉邦等国际城市。省外和国内外多家航空公司的进入和多条航线的开通，为西双版纳经济、文化和旅游业的发展注入了无限生机，于是西双版纳机场被誉为"中国支线机场的一面旗帜"。

为了适应航空业的迅速发展，该机场曾于1993年9月、2002年12月和2008年12月进行了

3次改造和扩建。前两次改扩建后,机场跑道达到2400米,宽45米,海拔标高553米,飞行区等级为4D,停机坪6个,配备有较先进的通信导航、气象观测、仪表着陆、远近灯光、空管、安检信息、安保及监控监视装备等。该机场是经营特种行业的具有公益性的产业实体,由云南机场有限责任公司对其实施统一的经营、管理和监督,承担相应的国有资产保值增值的责任。

第三次改扩建后的西双版纳机场,已成为云南省重要的干线机场、中型枢纽机场。本次改扩建总投资9.87亿元,新建了3.3万平方米的航站楼,11万平方米的停机坪,机位数达到18个;新建航站楼高架桥1座、2万平方米的停车场,并改造现有停车场,使其总面积达2.4万平方米;配套建设货运仓库、消防、供排水、供电系统等设施。2015年旅客吞吐量达340万人次,飞机起降3万多架次,货邮吞吐量3.6万吨,预留远期(2035年左右)旅客吞吐量达770万人次,飞机起降71948架次、货邮吞吐量达9.7万吨的发展用地。①

一个以自治州首府景洪为中心,以思小、小磨高速公路、澜沧江-湄公河水运航道和西双版纳机场为骨架的水、陆、空立体交通网络已形成。展望未来,西双版纳的明天将是十分美好、十分令人振奋的。

商业贸易生机盎然

商业发展概况。早在汉、唐时期,西双版纳的茶叶和食盐已初步形成商品生产,在人口较集中的村镇,已形成初期的街区市场。元、明时期,内地商人在六大茶山和茶马古道上贩运茶叶,推动了西双版纳一带商业的发展,景洪已成为面向国内外的商业重镇。据《西南夷风土记》记载:"鱼盐之利,贸易之便,莫如车里、摆古。"当地

---

① 西双版纳傣族自治州地方志编纂委员会:《西双版纳傣族自治州志》,新华出版社,2002。

第五章 工交商贸信息欣欣向荣

傣族中出现了农兼商的生意人。封建领主集团中部分成员以封建剥削的方式积累资金，投资贸易，成为官兼商的商人头领。清代，由于朝廷将六大茶山的茶叶定为贡茶，推动了茶叶贸易的发展，孕育了商业资本的萌芽。各地茶商纷纷到易武、倚邦、勐海等地开茶庄，使其成为商品交易的城镇。每年均有数千名藏民和印度商人来这里采购茶叶，在易武、倚邦和勐海、景洪至思茅、普洱的商道上，驮马、驮牛来来往往，沿途客栈、马店、货铺、肉案生意兴隆。

1941年12月，太平洋战争爆发。茶叶、棉花、紫梗、樟脑等外销线路被阻断，官办的佛海试验茶厂和思普茶厂撤回内地，外地客商也纷纷撤资改投他处，西双版纳的商业贸易急剧萧条。至1949年12月，仍没有一家上规模的商店，全区只有几百家私人开的小店铺，规模极小，经营的商品只有洋布、洋伞、食盐等。

新中国成立后，在党的"为生产服务，为各族人民需要服务"的民族贸易方针指引下，国家在西双版纳建立了国营贸易公司或贸易流动小组，用马帮从内地运来大批物资，廉价供应给各族群众，初步改善了各族人民的生活，打击了奸商的投机倒把活动，逐步以社会主义的商业占领边疆的市场。昆洛公路修通后，内地、边疆的物资能够源源不断地相互交流，极大地促进了西双版纳经济的发展和市场的繁荣。1951年全区有国营商业机构14个，城乡街区市场34个，私营商贩640人。1958年12月，全州已有国营商业机构99个，比1956年增长49.5倍。

1973年8月，自治州与思茅专区分设，州属商业、供销、物资、农机、医药、汽车配件等商贸机构相继成立，实现了州政府对当地国内贸易的自主领导。全州国营贸易机构发展到292个，从业人员3962人。

党的十一届三中全会以后，自治州的商业贸易欣欣向荣。从1979年起，商业系统遵行党"调整、改革、整顿、提高"和"改革、开放、搞活"的方针，实行体制改革，打破国营商业独家

第五章 工交商贸信息欣欣向荣

经营的局面，发展多种经济成分，建立多种经营方式；推行经理任期目标责任制和承包、租赁、改制经营，实行利改税，工效与收入挂钩；调整工农业产品购销政策，开放城乡集市贸易等改革措施。1984 年，商业、供销分设。到 20 世纪 80 年代后期，市场结构发生了根本性变化，形成了国营商业、农垦商业、个体商户、城乡集市贸易一起上的大市场、大流通体制。1993 年，全州共有国营商业机构 308 个，从业人员 2778 人，城乡集市贸易市场 52 个，集体、个体商业从业人员 6606 人。

20 世纪末至 21 世纪初，国营商业再次实行体制改革。遵循中央的指示，中、小商业机构进行招标拍卖，将已拍卖的国营商业机构和职工身份转换为民营商业的职工身份。2000 年，全州社会商品零售总额达 133018 万元，相当于 1953 年的 487.25 倍，1999 年的 1.05 倍。2011 年，全州商品零售总额达 607030 万元，比 1953 年增长 2222.6 倍。

民族贸易。在国民经济基本恢复的基础上，1953年，国家开始有计划地进行经济建设，在全国建立商品、物资三级分配制度，按照商品、物资的性质及其在国民经济总体中的重要程度划分为国家、中央主管部门和地方政府部门统一分配三种。在计划经济时期，自治州商业系统执行国家的各项经济指标，一般商品由基层编制计划草案，逐级综合到省级主管厅局，由省平衡下达分配计划指标。钢铁、水泥、汽车、农机等生产资料不许作为商品流通，而由物资专营单位申报，按上级批准的指标调拨。

为了帮助边疆少数民族地区发展生产，1950年至1963年，在商品品种、数量分配方面，中央和省都给予了特殊照顾。自治州对关乎人民群众生活的工业必需品的销售，实行最高限价，而对农副产品的收购则实行最低保护价。1963年8月，经商业部、财政部批准，景洪、勐海、勐腊3县为民族贸易"三照顾"县，对自有流动资金、利润留成和价格三方面给予照顾。按中央规定，

第五章 工交商贸信息欣欣向荣

边疆民族贸易批发企业,自有流动资金应占商品资金的50%,零售企业应占80%。从1971年起,提取利润下放到省,各县商业局可以从当年实际利润中提取20%的留成,用于仓库修缮、零星基本建设和固定资产添置。1986年,全州有商业、储运、商办工业、农牧业共65个核算单位实行利润留成制度,留成比例提高到50%,上交所得税下降50%,并免征调节税。1975年至1983年,中央和省对西双版纳的民族贸易企业给予了计划外增拨商品的照顾,在这8年中,曾拨给紧俏商品10余次,基本上保证了各族人民的生活需要。

西双版纳的各个兄弟民族,都具有自己特殊的生产生活方式、习俗和爱好,对商品也有特殊的需求。从1950年起,各地民贸部门先后组织加工和供应民族特需商品700多种。从1960年起,国家特地从金库中拨出一批黄金、白银,由国家商业部门委托民族饰品加工厂加工成民族饰品,其中有傣族妇女银腰带、金簪、金耳塞;布朗族妇女的银手镯、金簪;哈尼族妇女的银泡;拉祜族的银纽扣、银项圈；瑶族的银毫扣、条珠等。还有各民族喜爱的带穗水红提花头巾、大红棉毯、毛毡、各色花边、各种料珠、小米珠和各色棉纱、丝线等数十个品种、规格，由商业部门到上海等内地城市定做，以满足各族群众的需要。

对外贸易。1735年至1825年间，印度、缅甸、越南、老挝、柬埔寨等国商人，经常来往于西双版纳六大茶山、勐海、普洱之间，采购、驮运普洱茶。每年驮茶的马、牛，不少于5万匹（头）。据李拂一《十二版纳志》载："十二版纳出口商品以茶叶为大宗，分外销及内销两途。由佛海外销至印度，再转销西藏及不丹、尼泊尔方面之藏庄紧茶及砖茶，年供3万驮。销往缅甸、暹罗、马来西亚及香港方面之圆茶，年供6000驮，合计3.6万驮，值滇币百万元；由倚邦、易武外销至越南及香港方面之圆茶，年约5000驮，值越币25万元。"1936年，经缅甸、印度销往南洋的紧压茶，年出口量1250吨；以缅甸仰光、泰国曼谷为集散地，销往南洋、香港、土耳其的圆

第五章　工交商贸信息欣欣向荣

茶，年出口量225吨。1941年，由佛海试验茶厂生产的绿茶，销往印度2.9吨，销往缅甸2.05吨；七子饼茶销往泰国23.1吨；红茶经仰光销往香港6.95吨。1945年，西双版纳出口的紧压茶、圆茶750吨。1949年降至235吨。

自治州成立后，西双版纳出口的茶叶主要是红茶和普洱茶两类。普洱茶主要品种有普洱沱茶、散茶、砖茶、七子饼茶、金瓜茶等，这些品牌在国际市场上久负盛名，主要销往日本、德国、新加坡、马来西亚、英国、美国、荷兰、法国、韩国等国。红茶主要品种有红碎茶、滇红工夫茶、CTC红碎茶。20世纪八九十年代，中国销往国际市场的红茶90%以上是红碎茶。勐海茶厂生产的中华牌滇红碎2号高档茶，在国际市场上具有很强的竞争力。西双版纳生产的红碎茶，曾连续多年被评为全国和全省的优质产品，专调上海、广东口岸，作为调剂和提高我国出口红茶的配料，销往欧洲和中东各国。1974年至1984年，普洱茶出口量在212吨至490吨之间，红茶出口量在675

吨至900吨之间。1985年至1993年，普洱茶出口量在500吨至1000吨之间，红茶年出口量在844吨至2555吨之间。进入21世纪后，普洱茶因其越陈越香的特点和具有降血压、降血脂、降血糖等功能，而越来越被国内外的茶叶专家所认可，于是在国内外市场上销量越来越大。2005年，西双版纳生产普洱茶5000多吨，除通过省茶叶进出口公司出口外，不少是通过广东、广西、福建、浙江的茶叶市场的民间渠道对外出口的。

除了茶叶以外，西双版纳出口的商品还有咖啡、腰果、樟脑、畜产品、优质米等。2011年，全州外贸进出口额完成97960万美元，比建州时的1953年增长3661.1倍。

口岸功能逐步显现。1991年8月，省政府批准勐海县的打洛为国家二类口岸（2007年11月，国务院批准打洛为国家一类口岸）。1992年、1993年、1995年，国务院先后批准勐腊县的磨憨为国家一类公路口岸、景洪港为国家一类水运口岸、西双版纳机场为国家一类航空口岸。拥有4

第五章 工交商贸信息欣欣向荣

个国家一类口岸的西双版纳,成为省内唯一拥有水、陆、空立体口岸的自治州,奠定了口岸经济发展的基础。2016年,国务院又批准"中国勐腊(磨憨)"为国家重点开发开放区,为自治州的对外开放又创造了更为有利的政策环境。通过多年的努力,全州口岸基础设施逐步健全,口岸功能日益完善,口岸通关率显著提高。2011年,全州口岸货运量完成147.07万吨,比1991年增长83.5倍。

随着大湄公河次区域合作的稳步推进,中国·东盟自由贸易区建设的深入,西双版纳的口岸建设将发挥不可替代的特殊作用,成为云南省乃至全国参与次区域经济合作、通向东南亚、南亚的通道、平台、窗口和基地。①

---

① 《西双版纳傣族自治州概况》编写组:《西双版纳傣族自治州概况》,民族出版社(北京),2008。西双版纳傣族自治州地方志编纂委员会:《西双版纳傣族自治州志》,新华出版社,2002。

方兴未艾的旅游业

西双版纳是中国首批国家级自然保护区、风景名胜区、生态建设示范区、民族团结示范州,是联合国教科文组织生物保护圈网络成员。以傣族为主体的十三个世居民族博大精深的文化、绚丽多彩的风俗民情、风格独具的宗教信仰和扑朔迷离的热带亚热带自然景观的有机结合,使她成为享誉海内外的旅游胜地之一。

旅游资源。据普查,西双版纳拥有各种景点120多个,加上值得参观、有特色的村寨、佛寺佛塔,那就不计其数了。经国家旅游局和省旅游局组织有关专家评定,至2010年,全州有5A级景点一个,即中科院西双版纳热带植物园;4A级景点8个,即:西双版纳傣族园、花卉园、野象谷、原始森林公园、望天树景区、勐泐大佛寺、曼听公园(又名曼听御花园)、茶马古道景区;3A级景区勐景莱、基诺山寨等。2A、A级景区若干个。历史悠久、佛教文化浓郁的曼飞龙笋塔、

第五章 工交商贸信息欣欣向荣

景真八角亭、曼短佛寺已列入国家重点文物保护单位；曼阁佛寺、曼春满佛寺已列入省级文物保护单位。至2017年，已有泼水节等11项被列入国家"非遗"，27项被列为省级"非遗"。文化农庄曼掌、古村寨曼丢、勐养象树、曼典瀑布、万达国际旅游度假区、雅居乐·西双林语、告庄西双景、傣江南等，都是值得参观、考察的地方。

旅游发展的历程。1954年，《美丽丰饶的西双版纳》（唐西民著）一书由北京生活·读书·新知三联出版社出版。这是新中国成立后第一本全面介绍西双版纳历史、文化、民族风情的书。从此，全国人民知道了在祖国西南边陲有一个丰饶美丽的地方，她的名字叫西双版纳。1959年，由中苏合拍的大型彩色科教片《在西双版纳的密林中》在中国和前苏联上映后，使两国的观众看到了西双版纳密林中的奇闻轶事，记住了"西双版纳"这个奇特而富有诗意的名字。著名作家冯牧，三次到西双版纳体验生活，写出了脍炙人口的散文《澜沧江畔的蝴蝶会》等，向全国全世界推介了西双版纳的奇妙和迷人。著名作家白桦，从傣族民间叙事长诗《召树屯》中吸取了精华和养分，创作了长篇叙事诗《孔雀》（后改编为电视连续剧《孔雀公主》），使世人对傣族博大精深的文化有了一定的了解。著名作家季康、公浦写的电影剧本《摩雅傣》，电影上映后，观众又记住了"摩雅傣"（傣族医生），加深了对西双版纳的了解。还有贺敬之、袁水柏、丁玲等著名作家，范曾、袁晓岑、丁绍光、袁运生等著名画家、书法家、记者、学者，都热情地宣传和讴歌了西双版纳，使其名扬四海。著名的植物学家蔡希陶一手创建了西双版纳热带植物园；著名傣族舞蹈表演艺术家刀美兰多姿多彩的舞蹈，使世人对西双版纳的动植物资源，对傣族舞蹈有了深刻的了解。

当然，更吸引人的是以傣族为主体的西双版纳各族人民博大精深的历史、文化、风俗民情、宗教信仰和热情好客、纯朴真挚的民族性格，是莽莽苍苍的热带雨林，那千姿百态的植物、花卉，那悠然漫步的象群和开屏的孔雀……

西双版纳的旅游业经历了三个历史发展阶段,实现了三次较大的突破。第一次突破是在党的十一届三中全会之后,旅游业作为一个新兴产业跨入了全州经济建设与发展轨道,实现了从"接待事业型"向"一般产业型"的发展。第二次突破是1998年,景洪市跨入首批中国优秀旅游城市行列,翌年迎来"99世博会",旅游产业体系基本形成,实现了从"一般产业型"向"兴州产业型"的发展。第三次突破是2006年以来,云南省提出旅游"二次创业",西双版纳实施旅游"二次创业,再创3年(2006~2008)倍增行动计划"。从此,自治州旅游业突飞猛进,在全州国民经济和社会发展中的地位显著提高,成为辐射和带动城乡就业、经济、文化、生态文明建设等领域快速发展的动力与活力,实现了从"兴州产业型"向"强州产业型"的发展。

2010年,全州接待国内外游客853.14万人次,是"十五规划"末期的3.02倍。2011年,全州接待国内外游客1012.65万人次，同比增长18.7%，旅游总收入100.23亿元，同比增长24.8%。2013年，全州接待国内外游客1383.55万人次，旅游总收171.67亿元。自治州紧紧围绕转型升级的主线，努力推进"观光旅游"向"度假旅游"转变。于是，休闲度假、运动康体、商贸会展、自驾游、旅游房地产等新型旅游业态迅速兴起，初步形成了吃、住、行、游、购、娱等较为完善的产业体系。2013年旅游就业人员达3.8万人，占全州就业人数的1/3。

要让傣族地区的旅游业持续不断地向前发展，就要在文化、自然、特色上做文章，在"热、傣、水、边"上做文章，突出"热带雨林、民族风情、避寒胜地、和谐家园"的特点，把傣族地方营造成北方人冬日避寒的好地方、中外游客休闲度假的好地方、东南亚傣泰民族寻根访祖的好地方。[1]

---

[1] 《西双版纳傣族自治州概况》编写组：《西双版纳傣族自治州概况》，民族出版社（北京），2008。西双版纳傣族自治州统计局统计资料（2010~2014）。

第六章　民族文化特色浓郁

本章所指的民族文化，包括教育、文化艺术、广播电视诸方面。

教教合一的傣族教育

新中国成立以前，傣族教育不仅十分落后，而且发展也不平衡。佛教传入以后，傣族有了本民族的文字，出现了佛寺教育，向入寺为僧的男童教授傣文、传播佛经。这叫"教教合一"，即佛教与教育合一。明末清初，德宏、景谷一带土司衙门开始出现汉文私塾，向土司子女传授汉文。1906年，受过私塾教育的干崖土司刀安仁，亲率一批傣族青年赴日本留学，并参加了由孙中山主导的中国同盟会，投身于中国资产阶级民主革命。

与德宏相比,新中国成立以前,西双版纳傣族受汉文化影响要小得多。在民国建立之前,这里的教育基本上是佛寺教育。1912年,柯树勋向省政府呈报《治边十二条陈》,要求在西双版纳地区实行改流、筹款、官守、诉讼、交涉、实业、国币、通商、学堂、邮电、招垦、练兵。在"学堂"中,他提倡新学,兴办学校。1913年,车里(景洪)、佛海(勐海)开始兴办汉文小学。1928年,民国政府推行公学,停办私塾。至1934年,车里县新设县立初小8所。1935年,佛海县在景龙佛寺开设短期师资班,次年,佛海简易师范学校正式创办。当年,车里、佛海、南峤、镇越、宁江、六顺等地相继设立小学各1所,同时设立一些短期小学。至1941年,车里、佛海、南峤、宁江有小学16所。1944年,镇越县率先设立"镇越县立初级中学";1946年,车里县在宣慰城设立"十二版纳中学"(初中)。由于局势不稳定,这两所中学创办不久就停办了。1948年,由于解放战争的节节胜利,在西双版纳兼任教师的

第六章　民族文化特色浓郁

国民党军官、特务眼看大势已去,就纷纷逃出境外。1949年,全区所有学校停办。

1950年2月中旬,西双版纳解放。人民政府立即组织力量恢复办学,从武工队、民工团中抽调有文化的人到学校任教。当年共建小学14所,28个班,学生572人,28名教职工。

1951年至1952年,全区先后开办了10所省立民族小学,各县新建了4所县立小学,共计77个班,2958名学生,教职工82名。为了解决师资问题,建立了佛海初级师范学校。1954年,全区有小学52所,107个班,3775名学生,121名教职工。1958年,全州贯彻"教育为无产阶级政治服务,教育与生产劳动相结合"的教育方针,开展"教育革命",实行"两条腿走路",即在大力发展国民教育的同时,也鼓励开设民办学校,于是出现了许多民办小学,学校教育发展迅猛。至1960年,全州小学由1957年的135所,260个班,9062名在校生,277名教职工,发展到299所,633个班,24108名学生,683名教职工。

1955年,佛海初级师范学校迁至景洪,改名为西双版纳州民族师范学校。1957年,该校招收一个初中班。1958年,勐海县小学和勐腊县易武中心小学各招收1个初中班。至1960年,这些初中班先后独立为景洪、勐海、易武3所中学。1961年,景洪、勐海两县分别在勐龙和格朗和创办第二中学,勐腊县创办勐腊中学,这时全州已有6所初中。但由于国家处在经济困难时期,小学生流失严重,在校生由上年的24108名减少到17846名。1962年贯彻党的"调整、巩固、充实、提高"方针,自治州对中学、小学的布点和师资队伍作了适当调整,景洪二中并入景洪中学,易武中学并入勐腊中学。1963年,国家度过了3年困难时期,西双版纳教育开始恢复和发展。至1965年,全州小学发展到692所,学生34767名,教职工1112名。

"文化大革命"期间,西双版纳一度出现忽视教育规律,盲目办学的情况,导致学校猛增,教学质量猛降。至1975年,全州小学增至1355所,3779个班,102017名学生;普通中学升至

第六章 民族文化特色浓郁

110所（其中完中13所），357个班（高中31个班），15797名学生；101所小学附设了201个初中班，在校生8243名；1976年，在上年开办的州农业"五·七"大学的基础上建立了州农业学校，1977年创办了卫生学校。

党的十一届三中全会以后，自治州强调学校工作要以教学为中心，大力提高教学质量。《1978—1985年西双版纳教育事业发展纲要》要求既抓入学率，也要抓巩固率，让学生真正做到"进得来，留得住，学得好"。对学校的布点和小学附设初中班逐步作了调整；举办寄宿制、半寄宿制的民族小学，在教师队伍中开展专业技术职称的评聘工作。1981年，全州入学率为72%，一般巩固率为76.8%，全过程巩固率为50%，合格率农村为50%，城镇和农垦系统为70%至90%。1984年开办州教育学院，1985年开办财贸学校，各类教育逐步走向健康、协调发展的轨道。1988年全州儿童入学率为86.5%，年巩固率88.8%，全过程巩固率为65%，毕业率为88%。有11个乡

（镇）通过初级教育验收。

1992年,自治州成立了学校内部管理体制改革领导小组,制定学校内部管理改革试点的意见,开始在部分学校进行"三制"改革试点。1993年,根据《中国教育改革发展纲要》,自治州颁布了《云南省西双版纳民族教育条例》,提出了本州90年代教育改革的目标、任务和措施。是年12月,全州有小学(含一师一校办学点)1147所,在校生95060人(其中少数民族76060人),入学率90.6%,全过程巩固率为61.6%,升学率为72.6%。有全寄宿制小学2所,半寄宿制小学88所;普通中学72所(其中完中17所,民族中学4所),在校生24345人,教职工2675人;中等专业学校5所(农校、财校、卫校、师范、农垦管理学校),39个班,在校生1750人,教职工312人,教师进修学校3所;教育学院、广播电视大学各1所。由于小学布点太分散,不易于管理和提高教学质量,从1995年起,农村小学能合并的尽量合并,以便配备师资力量,提高教学质

第六章　民族文化特色浓郁

量。有的小学由于距中心小学和其他小学太远,仍保留为教学点。州教育学院、省电大分校、州师范三校合一,称为西双版纳职业技术学院,不久,州农校、卫校、财校又并入职业技术学院。

2013年,全州有各类学校268所,3860个班,在校生180529人(少数民族学生126290人)。其中高校(专科)1所,在校生2919人(少数民族学生1072人);中等职业教育学校10所,125个班,在校生7615人(少数民族6055人);普通高中15所,756个班,在校生13142人(少数民族8144人);普通初中32所,769个班,在校生39391人(少数民族28008人);小学150所,2020个班,在校生89499人(少数民族64386人);学前教育学校59所,678个班,在校生27354人(少数民族18059人)。①

---

① 《西双版纳傣族自治州概况》编写组:《西双版纳傣族自治州概况》,民族出版社(北京),2008。西双版纳傣族自治州地方志编纂委员会:《西双版纳傣族自治州志》,新华出版社,2002。西双版纳傣族自治州统计局统计资料(2007年以后)。

傣族的文化艺术

一、民间文学与作家文学

民间文学。傣族民间文学异常丰富,浩如烟海。在傣文和造纸术产生以前,人们在生产生活中就产生了民歌民谣、神话传说和民间故事。随着佛教、印度文化、中原文化的传入,傣族用自己创造的傣泐文、傣讷文、傣绷文和金平傣文,不仅记录了自己的历史、生产生活知识,也记录了民歌民谣、神话传说、故事、谚语、歇后语等。把本民族的文化向前推进了一大步。据调查,傣族的民间歌谣分为古歌、生产歌、习俗歌三种。

古歌谣是傣族最早的歌谣,它是在傣族先民采集生活时代产生的。由岩温扁、岩林翻译出版的《傣族古歌谣》,收入了《叫人歌》《关门歌》《摘果歌》《配偶歌》《大火烧天》等30首古歌谣,它们反映了人类早期的生产生活、欢乐与忧愁。在傣族古歌谣中,还包括情歌、生产歌和颂

第六章 民族文化特色浓郁

歌。在情歌中,《凤凰情诗》具有代表性。在生产歌中,流传于德宏地区的"十二马"影响较大。颂歌是傣族先民在各种祭祀场合唱的祭祀歌和送葬歌。

在傣族民间文学中,民间叙事长诗占有举足轻重的地位。据说,千行以上的傣族民间叙事长诗有500多部,这在世界各民族中是罕见的,如:《兰嘎西贺》《沽巴西敦》《章响》《相勐》《厘俸》《巴塔麻嘎捧尚罗》《玉嫱苗》,以及大家所熟知的《召树屯》《葫芦信》《娥并与桑洛》《松帕敏与嘎西约》等。以上长篇叙事诗多数已译成汉文出版,有的已改编成电视连续剧。傣族民间文学中,大量的是神话、传说、故事,如:《阿銮的故事》《秀批秀滚》《艾苏艾西艾批节的故事》《布尚改与雅桑改》《金鹿的故事》等。寓言故事《猴子老虎帕腊西》《乌鸦与铁连鸟》《猫和老虎》等。

傣族民间文学中,还有大量的谚语、格言、歇后语、笑话等,许多都是很有哲理的,如反映血浓于水的谚语说"手心也是皮,手背也是肉""手心与乳房,眼珠与烟火";反映居安思危的谚语说"肚饱不想田,鱼腻不想笼",提醒人们生活好的时候要想到没有饭吃、没有鱼肉吃的艰难日子。

章哈文学。早在远古时候,傣族先民就学着鸟的叫声和泉水的叮咚声学唱歌,久而久之,唱得好的人便成为听众所喜爱的章哈(歌手)。章哈是傣族社会发展的产物,它对于傣族文学尤其是诗歌的产生和发展起到了极为重要的作用。传说,古时有一只名叫诺戈朗冬的神鸟,每天都飞到寨边的一棵树上唱歌,歌声婉转动听,寨里的人都喜欢它,每天劳动归来都聚集在这棵大树下,倾听神鸟唱歌。不久,神鸟中了猎人的箭,不能再来给寨里的人唱歌了,乡亲们听了都很伤心。有个名叫玉嫩的姑娘到河边采野菜,发现了受伤的神鸟正在挣扎,玉嫩对它十分同情,便拔去插在它身上的箭,治好了它的伤。神鸟对姑娘的救命之恩十分感激,便把自己会唱的歌全部教给了玉嫩姑娘。玉嫩便成了第一个善于唱歌、给人们

第六章 民族文化特色浓郁

带来欢乐的女章哈。

由于社会的需要,傣族章哈诞生后就得到了迅速的发展,形成了一支遍布各村寨的具有影响力的队伍。章哈被人们视为最有知识、最受人尊敬的人,村寨里的婚丧嫁娶,都要请章哈去唱歌,于是章哈在社会上享有很高的威望。进入阶级社会后,傣族统治阶级把章哈作为一种工具来为自己歌功颂德。为了利用章哈,封建领主把章哈分为"那宛舒坦""章哈勐""章哈曼"三个等级。前者意为"知识的宝库",一般只授予最有学问和最有演唱能力的章哈;"章哈勐"即勐级的章哈,获得这一称谓的章哈,除了召勐需要时去宫廷里唱歌外,还有管理全勐章哈的职权;"章哈曼"即村寨一级的歌手。前两者除了每年给予30至50挑谷子的报酬外,还可免去各种杂税和修桥、筑路、打扫寨子等公益性劳动。这样,既提高了章哈的社会地位,又减轻了章哈的负担,对章哈队伍的壮大和演唱水平的提高是有裨益的。

章哈对傣族文学的发展是功不可没的。首先,章哈用演唱的形式,使傣族最古老、最原始的歌谣、神话得以传扬,并成为傣族文学发展的一个厚实的基础。其次,章哈用即兴创作、演唱的方式,创造性地发展了傣族诗歌。古代的傣族诗歌,内容一般都离不开祭祀和狩猎,不但内容狭隘,而且其形式也很少脱离咒语、巫歌的范畴。进入农耕经济以后,傣族先民从原始的毁林开荒到开田植稻、挖沟、制陶、建房盖屋、纺纱织布等;社会生活也日渐丰富,除生产、祭祀、婚恋以外,还有人际关系、节庆等,社会成员对精神享受的要求不断提高,促使章哈必须根据新的生活、新的情况,创作新歌,以满足大家日益提高的精神文化的要求。于是唱歌的内容除了《祭祀歌》《招魂歌》外,也出现了大量的生产歌和习俗歌。其三,傣族章哈通过师徒传承方式,培养了一批又一批的文学创作新人,为傣族文学的发展奠定了基础。新中国成立后,傣族章哈满腔热情地投入到家乡的社会主义建设,以充满激情的歌,讴歌了共产党的英明领导和家乡日新月异的气象,

第六章　民族文化特色浓郁

涌现了康朗甩、康朗英、波玉温、庄相等著名的歌手,二十世纪五六十年代,他们分别创作了叙事长诗《傣家人之歌》《流沙河之歌》《彩虹》《幸福的种子》和《三个傣族歌手唱北京》(前三名歌手的短诗合集),为当代傣族文学的发展奠定了基础。

作家文学。近代的傣族作家和诗人,当以干崖土司、中国近代史上杰出的爱国者、革命家刀安仁(1872—1913)为代表。刀安仁所处的时代是内忧外患的清朝末年。他的长诗《抗英记》,描写了各民族勇士坚守铁壁关,痛击来犯的英国侵略军,保卫祖国神圣疆土的爱国主义精神,表达了作者对侵略者的刻骨仇恨和对祖国对家乡无比热爱的感情。瑞丽弄岛乡芒艾寨的召尚弄,是清代勐卯宣抚司辖区内著名的傣族僧人作家和诗人。他收集、整理和创作了大量的傣族民间故事和《果占壁》《广姆贺卯》《阿暖浪》《广姆宫》等数十部不同题材的叙事长诗,其中他整理的叙事长诗《娥并与桑洛》成了久传不衰的名著。

二十世纪五六十年代，傣族地区涌现出了岩峰、刀保乾、岩鹏、方岩等一批作家和诗人。岩峰是生在景谷，长期在西双版纳从事文化工作的作家和诗人。他创作了长诗《丹格颂》《波勇爷爷游天湖》《我的家乡》《依丹上大学》，70年代，又完成了长诗《飞向太阳》。进入21世纪后，他又写了一部叙事长诗《花之梦》。岩峰也写了不少短诗，如《楠木的呼声》《火颂·橡树》等，翻译了康朗英的叙事长诗《流沙河之歌》、民间长诗《贺新房》等。同时，岩峰也是个文学研究人员，他与人合作编写了《傣族文学简史》《傣族文学史》。在西双版纳土生土长的岩鹏，他创作的叙事长诗《玉娥的新衣》也颇具边疆民族特色，诗中人物性格栩栩如生。

综上所述，傣族的古歌谣、民间叙事长诗与反映当代傣族生活的长诗和短诗是极为丰富的，可以说，傣族是个诗歌的民族。但是，傣族文学也有个不可忽视的弱点，即：文学体裁不丰富，品种较单一，缺乏小说、散文、纪实文学等，这

第六章 民族文化特色浓郁

是需要不断努力、不能不填补的空白。

党的十一届三中全会后,通过深入贯彻党的文艺方针,西双版纳、德宏都创办了文学刊物,鼓励傣族作者制作小说、散文、纪实文学等体裁的作品。从二十世纪八九十年代至二十一世纪,涌现了学历高、见过大世面、既受本民族民间文学影响又受俄罗斯文学、欧美文学熏陶的傣族作家,他们刻苦创作,写出了长、中、短篇小说和散文、纪实文学、戏剧文学作品,填补了傣族文学史上的空白。

1988年2月,傣族当代文学的第一部长篇小说《南国情天》,由人民文学出版社出版。该书的作者方云琴(德宏人)、征鹏(西双版纳人)都是从小在北京学习、成长的,前者学舞蹈,后者学中文。他俩既钻研本民族的民间文学、佛教文学,又认真学习和借鉴托尔斯泰、高尔基、奥斯特洛夫斯基、巴尔扎克、莎士比亚等欧美作家以及日本、泰国等国作家的作品,并仔细研究这些作品刻画人物的手法,因此写起小说来是较顺手的。

《南国情天》的历史背景是中国人民伟大的抗日战争和世界人民反法西斯战争的艰苦岁月。小说的女主人公丹瑞·埃利是个意大利人和缅甸傣族人的混血儿。她15岁时,由于佛寺着火,在佛寺为僧的弟弟被大火烧伤,为了给弟弟治伤,她不得不嫁给了比自己大20多岁的中国勐婉坝傣族土司刀承宗,即小说的男主人公。二人虽然结婚了,但并未同居。为了填平感情上的鸿沟,刀承宗绞尽了脑汁。来到勐婉坝后,丹瑞方知自己是丈夫的第七个妻子,从而痛苦万分。此后丹瑞屡遭丈夫大老婆的蹂躏。在悔恨交加的情况下,丹瑞曾服毒自杀一次,逃跑两次,当刀承宗不忍心丹瑞受虐待而送她回缅甸娘家时,正值日本飞机轰炸勐古,刀承宗为抢救丹瑞的弟弟而负伤。丹瑞深受感动,便在一个防空洞里,把真正的爱情献给了刀承宗。

《傣族文学史》指出:《南国情天》是当代傣族文学的第一部长篇小说,"它是当代傣族文学创作第

第六章 民族文化特色浓郁

二次崛起的标志。""它塑造了一系列有鲜明个性的人物,为傣族当代文学的艺术画廊增添了光彩。"

小说出版之前,方云琴移居香港,后移居加拿大多伦多。征鹏仍在西双版纳,一边完成自己的本职工作,一边孜孜不倦地从事文学创作、民族学和民族历史的研究。至2017年,他的文学作品和民族学方面的著作已出版38本,其中,有长篇纪实文学《勐泐末代王族》、《从领主到公仆》、《傣王宫秘史》、《溅血的王冠》、《康朗贺》;长篇小说《流亡土司》(合作)、《象滚塘》(傣文);散文《西双版纳与名人》《西双版纳风情》《西双版纳密林的趣闻》《新编西双版纳风物志》(合作);学术专著《普洱茶漫话》(合作)、《云南当代傣族史》(合作)等。并主编《西双版纳名典》《西双版纳传说故事集》《西双版纳佛教》《西双版纳傣族封建领主制研究》等十余部著作。

有四位傣族女作家是值得一提的,一位叫召罕嫩,她不仅写了长篇纪实文学《娜允傣王秘史》,也写了中篇小说《金蕉雨》等小说、散文作品；一位叫帕罕，她著有长篇纪实文学《王城暮色》和《蜜多萝熟了》《婉娜》等多篇中、短篇小说，是个有个性有希望的女作家，可惜已英年早逝；一位叫方文琴（水滴），她的中篇小说《傣锦情缘》，人物性格突出，故事生动，颇有韵味；一位叫刀金枝，当她读中师的时候，就以短篇小说《钓鱼》初露头角，后来她又写了《山涧里的一朵浪花》等多篇小说。

收入《新时期中国少数民族文学作品选集》（傣族卷）的小说有《傣锦情缘》（水滴）、《渴望幸福的人》（岩林）、《依罕美》（晓竹）、《边境上的开场戏》（多永湘）、《山之子》（元政）、《五十度苞谷酒》（刀正明）、《放高升的一天》（玉拉罕）、《曼允寨的佛塔》（王竹曦）、《橘园轶事》（岩云）、《月亮湾的女人》（白光红）、《亮山的马吃谷地》（郎志刚）、《东边日出西边雨》（玉光著，岩温译）、《二十张甘蔗票》（岳小保）、《强盗与鲶鱼》（岩温香）、《复婚》（妹喊）、《人间路远》（乔丽）等21篇；收入的散文有《人和雨的交响》（泓江）、《父亲的眼镜》（宰·诺腊）、《母亲的村庄》（柏桦）、《划舟姑娘》（岩温香囡）、《暖沙河旧事》（冯霄）等16篇；收入诗歌25首。收入《新时期云南少数民族文学作品选》（傣族卷·上）的有中篇小说《金蕉雨》（召罕嫩）、《李拉二告状》（许洪畅），短篇小说《花腰傣女人》（白笑杰）、《废墟上长出蕨蕨的时候》（白光红）、《锁》（柏桦）、《琴声悠悠》（波罕勒作，刀正明译）、《还愿》（岩云）等15篇、长篇纪实文学《溅血的王冠》（征鹏）节选3章，散文11篇，诗歌11首。①

进入新时期以后，傣族文学中没有小说、散文、纪实文学等体裁的空白已成为历史。

二、音乐舞蹈壁画

傣族民间音乐、舞蹈、工艺美术是丰富多彩的。据明代《景泰云南图经志》记载："车里

---

① 征鹏主编：《新时期中国少数民族文学作品选集》（傣族卷），作家出版社，2015。

……其民皆百夷，作乐以手拍羊皮长鼓而间以铙、铜鼓、拍板，其乡村饮宴，则击大鼓吹芦笙、舞蹈为乐。"明代车里的贡品中，丝曼帐、绒锦等，都是较为精制的织品。傣族古代的壁画、刺绣、描金以及剪纸等工艺美术作品，也有独特的风格。

音乐。傣族民间音乐的基调，可分为民歌、章哈调、佛寺咏叹、器乐等类。民歌的歌词有格律式和自由式两种。曲调多以五声音阶为基础，偶尔出现"法""西"等变化音，宫、商、角、徵、羽五个调式都有，但以宫、羽调为最多。曲式结构一般由单乐段或变化四乐句构成。节拍形式多为2/4、4/4两种，也有两者的混合节拍，三拍和复三拍节奏较少见。曲调节奏鲜明，进行平衡，但音域稍窄，常有倚音、复倚音出现。旋律进行从小三变或级进较多，曲头曲尾用甩腔衬词起止。民歌中有劳动歌、舞蹈歌、欢乐调、定琴伴奏歌、故事歌、儿歌等。

在德宏，民间音乐包括民间歌曲、器乐等。其中，民间歌曲、歌舞音乐极具特色，它抒情、

第六章 民族文化特色浓郁

婉转、柔美而动听。民间歌曲有山歌、说唱歌、风俗歌、儿歌等。山歌表达人们生产生活、爱情、民风民俗等，内容广泛。这些歌除了在佛寺里及自家神台下不能唱以外，其他地方都可以随便唱，尤其是在山野田间、劳动间隙、行走途中或节庆场所都可以尽情地抒发感情。德宏傣族的民间音乐有40多个调子。其中，喊麻（喊京会）、喊同卯、喊马班陶（古老山歌）、喊别（口弦调）、喊秀（鹦鹉调）、喊陇宏（怒江流水调）、喊怀（恋歌）等较有代表性。风俗音乐如喊赶杂（忏悔调）、喊苏端（祈祷调）、喊芒嘎（祝福歌）、喊亥赛咩（哭嫁调）、喊该滚呆（哭丧调）等，歌舞音乐有喊伴光（跟鼓调）、喊诺勇（孔雀歌）、十二马调等。说唱音乐主要用于演唱佛教经典、佛经故事、民间叙事长诗。戏曲音乐主要指傣剧音乐，它是在傣族民间歌曲、歌舞音乐的基础上，借鉴汉族戏曲音乐的表现手法逐步形成和发展的。

　　章哈音乐。近似于曲艺，是一种叙事性较强的民间演唱形式，已归入曲艺类。其音律为

"6135"和"1356"两种,分为快板和慢板。唱词的句子可长可短,一般以7个音节和9个音节为主,长的有13个音节,短的5个音节。在一小段内,后一段的前3个音节中要有一个重点节押前句末一音节的尾韵,一句唱词中除末一音节或衬词拖长之外,一般都与说话的音长相似。其曲式结构为曲头甩腔→基本曲调反复(主体部分)→曲尾衬腔。在演唱不同的内容时,章哈又根据所表达的感情和语言,对曲调作一些灵活的处理。常见的伴奏乐器有"筚"(类似竹笛)和"定"(类似二胡)。按速度、表情,章哈音乐可分为三类,一是"沙海崩甩",意为香茅草弦上长,其叶自然下垂,节奏缓慢、低沉;二是"麻宝暖宽",意为像干椰子浮在水面上,随波浪起伏摆动、轻快、跳跃,节奏鲜明;三是"布薄乖拜",像风吹椰叶,轻轻拂动,既含蓄又柔美、抒情。过去章哈演唱以独唱为主,新中国成立后,章哈演唱形式除了独唱以外,出现对唱、齐唱、轮唱、表演唱等形式。

第六章 民族文化特色浓郁

佛寺咏唱音乐。西双版纳的佛寺音乐是单纯咏唱,不用乐器伴奏。诵经调歌词较长,以一字一音为多,有宫、商、羽3种调式。每次诵前先唱18个字的小段曲头(即:纳莫达沙帕告瓦多阿腊哈多沙玛沙布搭萨),其内容是赞颂佛祖释迦牟尼,下面才是正文。

现代音乐。章哈音乐深受傣族人民的热爱,他们常说:"生活中没有章哈,就像菜里没有放盐巴。"但由于章哈旋律、调式较单一,难以被其他民族所接受。新中国成立后,文艺工作者对傣族音乐进行了改进,他们吸取了傣族民歌、章哈音乐、佛寺咏唱音乐的特点,创作了《有一个美丽的地方》(杨菲词曲)、《月光下的凤尾竹》(倪维德词、施光南曲)、《西双版纳,我的家乡》(惠英超、申起午词曲)、《竹楼》(王施晔词曲)、《祝福你,西双版纳》(刀正明词曲)等歌曲,这些歌曲既有傣族音乐的特点,又不局限于傣族民歌、章哈音乐和佛寺咏唱音乐,在社会上广为传唱。近年来,由罗红江作词、刀洪勇作曲的歌曲

《让我听懂你的语言》深受广大群众的喜爱,在西双版纳已广为流传。

乐器。民间乐器有象脚鼓、排铓、铓琴、嘎腊萨、杰近、葫芦丝、比多粉、比端祥、比领、拜比、定戛腊、定沃、金角琴、定琴、竹筒琴等。其中最有代表性的是象脚鼓和葫芦丝。

象脚鼓因其形似象脚而得名。在德宏,分为短象脚鼓、长象脚鼓,后者主要流行于瑞丽、畹町、潞西遮放坝和西双版纳的傣族地区,鼓身长约两米。以排铓、镲作伴奏。有一定的鼓点和鼓语。瑞丽村寨里有许多优秀的鼓手,他们的鼓点多变,鼓语丰富,可用指击、掌击、拳击、腕击、肘击、膝击、脚跟击等多种打法,被称为"会说话的鼓"。短象脚鼓(光妥)主要流行于西双版纳和德宏的潞西、盈江、陇川、梁河及腾冲荷花乡、保山潞江镇一带的傣族地区。鼓身长约1米多,鼓尾扎两束孔雀羽毛,鼓身披五彩鼓衣。表演时鼓摆动的幅度大,步法灵活,动作豪放,有一定的动作和套路。盈江男人敲鼓,女人打镲,

第六章　民族文化特色浓郁

双人合鼓表演刚柔相济，左抡右旋，令观者赞叹不已。俗话说"象脚鼓一响，脚跟就痒""没有鼓不会跳舞"，足见傣族人民对象脚鼓的热爱。另外有一种类似朝鲜族腰鼓的"光兵"，两头蒙有牛皮。要敲鼓时，将其挎在腰上，左右手均可击鼓。

葫芦丝是傣族的一种吹奏乐器。过去傣族小伙子有吹葫芦丝串姑娘的习俗。当夜幕降临时，悦耳的葫芦丝声便会传来，聪明的傣族小姑娘往往会根据其声音来判断小伙子是否自己心上人。关于葫芦丝的来历，有一段动人的传说：很久很久以前，英俊的小伙子桑亮和俏丽的姑娘少玉相爱，并已定下了婚期。一天，两人正在地里采摘葫芦，顿时洪水汹涌而来。为了逃生，桑亮砍竹子做竹筏，少玉在竹筏边挂上葫芦以增加浮力，但小而简易的竹筏还是难以承受两个人的重量。为了把生的希望留给自己心爱的人，少玉毅然地跳进了汹涌的洪水中……无论桑亮怎样声嘶力竭地呼喊，少玉仍被滔滔的洪水吞没了。他失魂落魄，痛不欲生，为了纪念少玉，他取下竹筏边的一只小葫芦，把一根细竹管插在上面，做成一个纪念品，随时带在身上。一次，他把竹管含在口中，当他呼吸时，葫芦就发出了美妙的声音。从此，无论严寒酷暑，刮风下雨，桑亮每天都对着江边吹奏葫芦丝，倾诉自己内心的悲痛和对少玉深深的思念。桑亮的真情感动了佛祖，他施法让一个巨大的葫芦将少玉托出水面，终于使一对情人结成了连理，过上了美满幸福的生活。傣族小小的葫芦丝经过改进后，目前已风靡全国，它那悦耳的《竹林深处》等乐曲已传遍大江南北。傣族葫芦丝演奏家龚全国、"葫芦丝王子"哏德全曾先后到日本、泰国、韩国、美国等国访问演出，受到了高度的赞誉。对葫芦丝文化保护、传承较好的梁河县勐养乡，被誉为"葫芦丝之乡"。

舞蹈。傣族民间舞，舞姿动感强烈，外柔内刚，以身躯及手臂、关节弯曲形成独特的"三道弯"造型，舞步跨度较小，多垫步、点步、碎步。其代表性舞蹈有象脚鼓舞、孔雀舞、依拉贺舞、马鹿舞、拳舞、刀舞等。

象脚鼓舞是颇具特色的傣族男性舞蹈,有独舞、双人舞、集体舞等形式,用象脚鼓、铓锣、镲伴奏,节奏铿锵有力,舞姿刚柔相济,动感强烈。独舞讲究功底和韵味,舞步线路变化多端,动作随意性大。集体舞讲究整齐、对称,队形呈方阵或圆形。德宏、西双版纳、景谷、孟连、耿马、双江等傣族地区均有流传。

孔雀舞是傣族传统的民间舞蹈,在傣历新年(泼水节)或举行隆重的佛教活动时表演。孔雀是傣族人民喜爱的吉祥动物,既美丽又温顺。温情似水的傣族人民常常用婀娜多姿的孔雀舞来表达自己美好的理想和愿望。过去跳民间孔雀舞需戴孔雀面具,帽子呈宝塔形,上插孔雀羽毛,身上套上用竹篾编织并用彩纸裱糊的孔雀躯壳,有孔雀翅膀和羽毛。多数地区两人跳,也有集体跳的。孔雀舞动作舒缓典雅,手上动作主要是绕内手腕,舞步有碎步、弓箭步和跪式,注重内在的律动感。孔雀舞在云南傣族地区流传较广。20世纪50年代中期,傣族孔雀舞大师方正湘、毛相曾先后到莫斯科、华沙等地表演孔雀舞。

依拉贺舞是自娱自乐的集体舞蹈,过去只是男子跳,现在男女都跳,在傣历新年等喜庆节日边唱边跳,有的还用黑炭把脸涂黑,以取悦众人。因为每段唱词末尾均有"依拉贺"3字,故得此名。唱词多为一句3个字,也有5至7个字的。歌唱性强,舞蹈动作精练,随着象脚鼓、铓锣等打击乐器的伴奏,随膝下蹲颤动,手臂三道弯翻腕便舞起来,舞者感情奔放,有着很强的感染力。

在德宏傣族地区,民间舞种类也很丰富,可分为农作、模拟、情绪、叙事、娱乐、道具、祭祀舞等。

现代傣族舞。新中国成立后,文艺工作者对傣族民间舞进行了改造和提高,他们吸取了傣族民间舞外柔内刚、刚柔相济和"三道弯"动作的优点,去掉了民间孔雀舞的面具和道具,解放了演员心灵的窗口——眼睛和最能表达情感的面孔,使傣族舞蹈从自娱自乐型走向舞台,从州内舞台

第六章 民族文化特色浓郁

走向省内外、国内外舞台。1956年，西双版纳州文工团根据民间叙事长诗《召树屯》，编创了小型舞剧《召树屯与婻木诺娜》（片段），该舞剧吸取了傣族民间舞的优点，并加以提炼和提高，使其具有舞台艺术的特点。该舞剧于1957年参加在北京举行的全国少数民族文艺汇演时获得了好评。1963年，州文工团又创作了大型舞剧《召树屯与婻木诺娜》（全剧），在当年举行的全省文艺观摩演出中受到了欢迎。党的十一届三中全会以后，州歌舞团根据1963年演出的台本，重新创作了大型舞剧《召树屯与婻木诺娜》，获得了成功。经在北京汇演和在天津、重庆、成都、香港等地以及在缅甸、泰国、新加坡等国的演出，受到了国内外观众的赞赏和欢迎，被文化部评为创作一等奖、表演二等奖。著名的傣族舞蹈表演艺术家刀美兰，就是通过表演《孔雀公主》《水》《金色的孔雀》《赶摆路上》《小卜哨》等走向全国、全世界舞台的。

傣剧。产生于20世纪初的德宏干崖，由时任土司刀安仁根据滇剧、川剧、京剧的剧目改编而成，用傣语、傣歌表演。新中国成立后，德宏州组建了傣剧团，创作和表演大型傣剧《娥并与桑洛》等。新中国成立以前，西双版纳是没有傣剧的。州文工团成立后组建了傣剧队，创作表演了大型傣剧《凤尾竹下》《西双版纳的黎明》等。

壁画与工艺美术。20世纪50年代初期，傣族佛寺（奘房）和土司司署的墙壁和房柱中，保留着许多民间壁画，具有独特的艺术风格。佛寺壁画一般可分为以下四个方面的内容：

一是反映佛本生的故事。南传佛教传入傣族地区以后，多数城子、村寨都建立了佛寺。这些佛寺在造型艺术上把东南亚、南亚各国与日本大和民族造型艺术巧妙地结合起来，造型优雅，结构别致，具有鲜明的傣民族的特点。伴随着大批佛寺的建立，也产生了民族个性强烈的壁画和造型艺术。在佛寺壁画中，多数是反映佛本生的故事，宣扬的是"众生皆有佛性，众生皆可成佛"的思想。有的壁画描绘某国的王子因看破红尘，

第六章 民族文化特色浓郁

不愿继承王位，决心行善布施，死后成佛；有的壁画劝人改恶从善，反映了"善有善报，恶有恶报"的因果报应的故事，如：有的壁画描写死者生前行善布施，死后往生极乐，受到众生的缅怀哀悼等。

二是佛寺壁画中，不少是以民间流传的叙事长诗和故事为题材的，如：《召树屯》《千瓣莲花》《沾巴西教》《兰嘎西贺》等。

三是有的壁画描绘了傣族人民的生活、劳动、狩猎、沐浴、出征的场面，如：勐遮佛寺的《欢宴图》《出行图》《舞乐图》等；孟连佛寺后墙右侧绘制的壁画，描绘的是智慧超群、胆识过人的英雄人物磨沙塔教人如何建房、种粮和生活，教人们以智慧巧妙地避免了即将发生的外来战争，使人民过上和平安宁生活的场面。

四是有的壁画描绘了与傣族人民的生活有关的动物和植物，如：大象、孔雀、凤凰、谷子、水果、花卉等，表达了傣族人民美好的理想和愿望。如芒中佛寺的外墙壁画内容为《千瓣莲花》，整幅壁画气势恢宏，人物众多，既有佛塔、佛祖、众僧，也有信徒和洋人，还有河流、山川、树林、鲜花、牛马、龙凤和鬼神。有趣的是画面上还有人面虎身的雄虎、雌虎和牛头马身的怪兽。壁画将许多故事按情节分成许多场面，把它们组合于同一构图中。

这些壁画的特点，一是在构图上不受时间、空间的限制，把一个完整故事的来龙去脉画在一张画面上，主次分明，疏密得当，使人一目了然。二是在人物造型上，既保持了结构的准确性，又进行了适当的夸张变形，使画面显得干净精炼。三是在表现手法上，采用了中国画传统的线的表现技法，线条流畅，生动活泼。同时也采用了综合概括装饰变化的造型艺术手法，使画面异常自然。四是在设色上采用了明亮的金色、饱和的石青、石绿、朱砂、黑色等矿物质颜料填彩，并运用了黑白对比、大块色与小块色对比等，使整个画面既鲜艳又和谐，富于节奏感。五是在边框装饰上，大量采用了傣族民间剪纸的造型纹样，使

第六章　民族文化特色浓郁

画面趣味浓厚，别具一格。

傣族手工艺品制作已有悠久的历史。在景洪、勐腊发现的新石器文化遗址中，就有几何印纹陶器和有肩石斧、有段石砭等，说明傣族制作陶器已有数千年至万年的历史。《蛮书》记载的"金齿蛮""银齿蛮"，就是傣族先民因其用金银片饰齿的缘故。据傣文《泐史》记载：勐泐王国一世祖帕雅真1160年即位时，有金水瓮1个，广阔各3肘，高3肘，重740万钪，嵌金7种；"帕厦"（塔形殿）1座，高35层；伞盖77笼。可见那时的傣族先民已会制作金银器皿，亦有较高的镶嵌技术。1582年，西双版纳召片领刀应勐向缅甸东吁王朝赠送的礼品中，就有金碗、镂花银碗、金花、金瓶、银瓶、银刀等；镂花的各种银器，如腰带、手镯、戒指、槟榔盒、痰盂、食具、象雕塑等。制陶、造纸等如今仍继续制作，成为独特的手工艺品。家庭手工业中，傣家人用竹篾编成箩筐、饭盒，用藤篾编成饭桌、凳子等用具。傣族妇女编织的傣锦、挎包等，是国内外旅游者喜

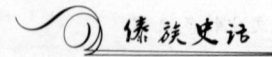

爱的纪念品。

文化保护与"非遗"

至2016年，西双版纳属于国家重点保护文物单位有三家，即：勐龙曼飞龙笋塔、景真八角亭、曼短佛寺。

傣族泼水节、傣族章哈、傣族慢轮制陶、傣医药（睡药疗法）、傣族贝叶经制作技艺、傣锦制作技艺、普洱茶制作技艺、傣族象脚鼓、傣族民间叙事长诗《召树屯与婻木诺娜》、基诺族大鼓、布朗弹唱十一项被列为国家级非物质文化遗产名录。

新闻出版

新中国成立以前，云南傣族地区是没有新闻出版机构的，在民间流传的叙事长诗、史料、医药书籍、天文历法书籍等，全靠手工抄写。新中国成立后，德宏、西双版纳等地逐渐办起了有线广播，1957年办起了德宏《团结报》《西双版纳

第六章 民族文化特色浓郁

报》。党的十一届三中全会以后,各地先后办起了文学刊物、广播电视台,德宏还办起了民族出版社。

《西双版纳报》创刊于1957年3月4日,用汉、傣两种文字出版,它担负着边疆地区公共基础文化建设和政策宣传的任务。1960年,朱德副主席到昆明视察期间,为该报题写了报头。1961年4月,周恩来总理到西双版纳与傣族人民欢度泼水节时,看了《西双版纳报》后指出:"在边疆办报不容易,也很重要,你们一定要把它办好。"创刊60年来,《西双版纳报》锐意进取,开拓创新,牢牢把握正确的舆论导向,抢占边疆舆论制高点,较好地完成了各个时期的宣传任务。1995年,该报汉文报从周二刊改为周三刊;2001年4月建立了汉文新闻网站。2003年1月,汉文、傣文报同时改扩为对开大报。2005年,总投资560万元、建筑面积4080平方米的新闻大楼竣工投入使用。2009年4月以来,报社筹措了200多万元资金,在景洪城区建立了60个新型多面滚动灯箱式阅报栏,解决了广大市民和游客读报难的问题。2009年12月,报社向国家、省新闻出版部门和州政府争取专项资金285万元,建立了印务中心,结束了本州无彩色印报设备的历史。2010年1月,该报汉文报由周三刊改扩为周六刊,周日出傣文报,实现了出日报的目标。同年11月,开通了西双版纳州第一个英语新闻网站。报纸发行量稳中有升,2012年,发行汉文报14376份,傣文报13700份。傣文报发行量多年来一直位居全省民族文字报首位。

《西双版纳报》十分重视科技创新,致力于傣文数字化技术的基础性研究工作。1996年,与山东潍坊华光科技股份有限公司联合开发了傣文激光照排系统。次年,中国第一套傣文电脑系统研制成功;2004年,西双版纳新老傣文计算机组版系统研制成功。该报参与的"基于ISO10646的维、哈、柯、傣文电子出版系统"研究项目,2006年获得"钱伟长中文信息处理科学技术奖"三等奖,2007年获得国家级"王选新闻科学技术"一等奖。2008年,该报提出了"用现代高科技抢占民文数字化网络化制高点"的计划,采取"社企"合作方式与北大青鸟华光科技有限责任公司合作,开展傣文网络化技术研究。2009年11月,我国第一个傣文网站——西双版纳傣文新闻网站开通,填补了我国数字化技术行业无傣文网的空白。2011年11月,中央政治局常委李长春视察西双版纳报时指出:国家新闻出版总署要支持西双版纳报,特别是傣文报的出版,国家版权局要对全国也是全球首个傣文网站的软件开发成果争取世界标准,并实行版权保护。次年1月,傣文网站内容管理系统软件、傣文采编系统、傣文键盘布局输入法、傣文语音选择输入法四项软件,获国家版权局颁发的计算机软件著作权登记证书,使软件版权得到了国家的有效保护。

广播电视台。傣族地区的广播、电视事业,也和其他事业一样,从无到有,从小到大,从大到精,发展迅速。以西双版纳为例,1951年至1958年,建立县级的广播收音站;1958年至1976

年，建立以县级广播站为中心的农村有线广播网；党的十一届三中全会以后，全州广播电视走向蓬勃发展的新时代。1978年4月14日泼水节之际，西双版纳人民广播电台建成开播，这是云南省首个民族自治州（市）级广播电台，它标志着西双版纳广播电视事业已开始蓬勃发展。

1976年曼兴良广播电视发射台建成及设立西双版纳录像重放转播台后，结束了西双版纳没有电视的历史。1990年7月1日，西双版纳电视台建成开播，是西双版纳广播电视事业蓬勃发展的又一个里程碑。电台和电视台由建台初期的一个频率播出汉、傣两种语言广播和一套汉语电视节目，发展到拥有两个广播频率（一套播出汉语节目，二套播出傣语、哈尼语节目）和两套电视节目、用三种语言播出的广播电台和电视台。在国家广电总局"卫星转发，五小覆盖，天地一体，城乡共荣"方针的指引下，经过"331""211""村村通"工程的建设，形成了以曼兴良广播电视发射台为中心，涵盖6个广播电视发射台

(站)、33287户直播卫星用户、27.8万多有线数字电视用户和2.88万宽带互联网用户的"天地一体"的广电覆盖网络,全州一市两县、31个乡镇、十大国营农场实现了与全省全国光缆联网,广播电视人口覆盖率分别从建台初期的59.7%和52.3%上升到2011年的98.6%和98.3%,全州覆盖20万户以上的自然村实现了"村村通"。

从1984年全省开展新闻评奖以来,至2011年,西双版纳广播电视台荣获国家和省级的优秀作品有856件,其中一等奖160件,二等奖244件,三等奖452件。

第七章 傣乡的医疗卫生事业

看到今日西双版纳欣欣向荣的景象,谁能想到它是从昔日人们谈虎色变的"瘴疠之区"走过来的呢?

昔日的"瘴疠之区"

新中国成立以前,西双版纳是个"蛮烟之地""瘴疠之区"。由于这里地处热带、亚热带,高温多雨,炎热潮湿,蚊虫容易滋生繁殖,霍乱、疟疾、鼠疫等各种烈性传染病容易流行。由于遭受国民党反动派和封建领主的压迫剥削,傣族人民生活贫困,生产落后,无法抗拒自然灾害和疾病的侵袭。"要到车佛南,先买好棺材板;要到普藤坝,先把老婆嫁。"这是广泛流传于云南各地的

第七章 傣乡的医疗卫生事业

民谣,说明西双版纳的"瘴气"是十分严重的,从外地来到这里的人,十有八九是会"中瘴"身亡,有来无回的。这是多可怕的情景呀!

据《明实录》记载:1457年,明朝将军队调入西双版纳,遇"春暖瘴高"季节,不敢轻进。驻守在这里的官兵死于"瘴气"者不计其数。1766年,驻守九龙江(澜沧江景洪段)外的清兵"瘴死者不可胜数,官弁夫役死亦过半,马匹并多瘴毙。"1793年,驻守九龙江一带的清兵死于"瘴气"者甚多,迫使镇守这里的总兵不得不"奏请每年冬间由总兵带兵赴江外巡查一次,停止戍兵。"

勐海坝的曼来寨,是个只有25户人的小寨子,疟疾流行时,全家死亡的就有9户。有一年的六七月间,勐遮坝瘟疫流行,仅曼兴一个小寨子,就有4成的人丧了命。勐旺坝原有20多个寨子,1万多人,1929年疟疾流行,有5千多人死亡。一年,勐混坝流行鼠疫和天花,死者成百上千,有的连埋尸体都来不及,只好把他们扔进树林里。

据20世纪50年代初期调查,西双版纳疟疾发病率高达50%以上;因患疟疾而脾脏肿大的成年人占95%,12岁以下的儿童达100%,是全国罕见的超高度疟疾流行区。所谓"瘴气"其实就是恶性疟疾,患此病者,轻则发高烧,说胡话,重则死亡。对于这个"瘴疠之区",人人谈虎色变,视为畏途。

扫除"瘴疠"人康乐

1950年2月西双版纳解放后,人民解放军三十八师与"边纵"九支队在佛海县组建临时医院,次年佛海县卫生院建立。1952年,设备较完善的车里、南峤、镇越三县卫生院也相继建立,为各族人民防病治病,初步开展了消灭"瘴疠"的斗争。1951年,省卫生厅派出巡回医疗队随中央民族访问团来到西双版纳,免费为各族群众治病。1952年,西南区派出由57名医务人员组成的西南防疫队来到西双版纳,配合民族工作队开展

第七章 傣乡的医疗卫生事业

工作。后来,这批医务人员根据边疆卫生工作的需要在西双版纳扎了根,在各县建立了各种卫生机构。至1953年初,全区已有卫生院4所,妇幼保健院2所,防疫站和卫生所各1所。

20世纪50年代初,由于傣族群众迷信鬼神的思想较严重,有病不愿找医生治疗,而是去找佛爷念经、请巫师祭神送鬼。傣族常说疟疾就是"琵琶鬼",一旦谁患了疟疾,就发高烧、说胡话,就认定是"琵琶鬼"钻进了他的肚皮、吃他的心肝,于是就必须请巫师用虎牙或豺狗牙来戳病人的肚子,问病人是谁放出的鬼钻进了他的肚皮。迷迷糊糊的病人便会胡乱说出一些人的名字,那么这些人就遭了殃,轻则被烧掉房子,撵出寨子,重则被活活烧死。被赶出村寨的"琵琶鬼"们聚集在一起建立的村寨被称为"琵琶鬼寨"。在西双版纳,有许多这样被人看不起的"琵琶鬼寨"。那时傣族地区一有人发疟疾,就要请巫师来撵"琵琶鬼"、叫魂。有的是边请医生看病,边请巫师祭神送鬼。人民政府派来的医务人员开展工作极为困难,他们不但要和残害人民健康的疾病作斗争,而且还要和封建迷信和旧的习惯势力作斗争。他们翻山越岭找村寨,挨家挨户找病人,宣传卫生知识,动员病人治病,并守在病人身边,直到病人把药吃下去、病情有些好转才离开。1958年,自治州发动群众,开展以消灭疟疾为中心的爱国卫生运动。经过5年的努力,到1962年,疟疾基本上已被控制,全州疟疾发病率从1954年的11.6%下降到了9‰,保证了疟防工作深入持久地开展下去。1977年,全州疟疾发病率下降到3.8‰,天花、霍乱、鼠疫等烈性传染病已不再发生。

勐海坝是历史上著名的疟疾超高度流行区。1950年以前,疟疾发病率高达90%以上,其中恶性疟疾占50%—60%。新中国成立后,省卫生厅把勐海县列为全省疟疾重点防治区之一,在这里设立了省疟疾防治研究所。经过长期的调研,医务人员发现微小按蚊是当地疟疾传播的媒介,便采取了消灭微小按蚊、根治病人和健康人防护的

第七章 傣乡的医疗卫生事业

综合性防治措施。1958年,医务人员在农村培养了一大批卫生人员,平均每寨有1个保健员,每5至8户有1个抗疟员和送药员,全州上下形成了一个抗疟网。医疗队和疟防所还利用图片展览、章哈演唱、电影、幻灯等形式宣传疟防知识,使傣族群众了解消灭疟疾的意义和方法,形成了村村寨寨定期搞卫生,消除垃圾、粪便、污水坑,消灭蚊蝇滋生地,喷洒杀虫药物,服用预防药,人人动手除"瘴疠"的景象。到1962年,勐海坝基本上消灭了疟疾,疟疾发病率由1957年的51.8%下降到2.8‰。

由于医疗卫生事业的发展,人民健康水平的提高,全州人口的死亡率大大降低,人们的寿命普遍比过去延长。1982年,全州出生率为23.27‰,死亡率为7.43‰;全州百岁以上老人有35人,按人口比例,西双版纳百岁以上老人数量占全省第一位。1987年以后,虽然局部地区曾出现过疟疾、鼠间鼠疫、霍乱等烈性传染病,但由于各级党委、政府高度重视,这些传染病很快就被扑灭了。2003年5至7月，虽然全国许多省、市、自治区流行非典型性肺炎，但由于西双版纳防控及时，措施有力，未发现一例"非典"患者。

2011年，全州医疗卫生机构由建州初期的7个发展到121个，病床由40张增加到4900张，医卫人员由106人增加到4460人。全州220个行政村设有卫生室270个，实现了村村设有卫生室的目标，有乡村医生769人，初步形成了以州级、县市级医疗卫生单位为骨干、辐射乡村的医疗卫生预防保健网络。综合反映国民健康的主要指标都大有提高，如：婴儿死亡率，从建州初期的420‰下降到13‰，孕妇死亡率从2150/100000下降到了33.91/100000，人均寿命从36.4岁提高到70岁。通过60多年的努力，自治州的医疗水平大有提高，许多疑难病症已被治愈，医院的级别也得到了提升，如：州人民医院已晋升为三级甲等医院，景洪市人民医院、州傣医医院、州农垦医院已晋升为二级甲等医院。

第七章 傣乡的医疗卫生事业

建立于1952年的州人民医院,经过60多年的努力,已成为全州专业技术人才济济、医疗设备齐全、技术功能完善,集医疗、教学、科研、紧急救援为一体的全州最大的综合性医院,它担负着指导全州医疗技术、科研教学、人才培养、危重病人抢救、突发性公共卫生事件应急的任务;担负着开展与应用高精技术处理疑难重症、复杂手术的职责;担负着保障重要领导人和重要游客、外宾医疗工作的重任。2008年,医院设有病床570张,建有全州唯一功能齐全的中心洁净手术室,设有监护设备齐全、设施完善、多学科综合抢救能力强的重症监护科。医院有在编职工520人,其中专业技术人员470人,副高以上专业技术人员60多人。设有临床医药技科室34个,年门诊急诊29万人次,年住院1.4万多人次,年手术2800台次。多年来,医院的医疗水平大有提高,主要技术有:心脏冠状动脉搭桥术、同种异体肾脏移植、眼角膜移植、体外循环下心脏各瓣膜置换术和先心病法乐氏四联征矫正术、心脏各类永久起搏器安置、急性心肌梗死冠状动脉溶栓、心脏有创电生理检查、心律失常心脏射频消融术、心脏二尖瓣狭窄球囊扩张术等20几项成果。

傣医傣药挖掘整理有新突破

据调查，20世纪50年代初，西双版纳有傣族和其他民族民间医生195人，他们掌握着许许多多同疾病作斗争的经验，懂得许多治疗骨折、瘫痪、风湿、痢疾、腹泻、头痛、发烧等疾病的特效药方，这些都是千百年来傣族人民在与各种疾病的斗争中总结出来的。

早在2500多年前，傣族已经有了自己的医药。在傣族医学中，有不同于其他民族的医疗方法、配方和用药方法。如："落地生根"，中医一般用于治疗跌打损伤、烧伤、烫伤，而傣医用于治疗痢疾、腹泻。根据引起疾病的不同因素，傣医将医药分为4个"雅塔"（定方），第一种叫"瓦友塔"，由6种药物组成，用于因风致病；第二种叫"巴塔维塔"，由3种药物组成，用于因土

第七章 傣乡的医疗卫生事业

致病；第三种叫"阿播塔"，由5种药物组成，用于因水致病；第四种叫"爹卓塔"，由5种药物组成，用于因火致病。每种药物都是由许多草药配制而成的。

对这些傣族民间草药医生，各级卫生部门采取了团结的政策，认真贯彻中西医结合的方针，鼓励他们积极开展医疗活动，帮助他们解决实际困难。经常组织他们学习和交流经验，帮助他们去掉某些带有迷信色彩的医疗方法，提高科学技术水平，吸收他们参加合作医疗站、民族医药推广站、民族医药研究所工作。各级卫生部门经常派出医药科研人员、医生与植物学工作者一道，登竹楼蹲火塘，访问傣族民间医生，听取意见，请他们对如何挖掘传承傣医药、培养傣医药的接班人等问题发表自己的看法。

经过医疗卫生部门深入细致地做思想工作，许多傣族民间医生解除了顾虑，解放了思想，积极地向医疗卫生部门献方献药。仅1978年分别在各县召开的民族医药座谈会期间收到的各民族草药医生献的医药就有713个方剂，1324味药。这些药物可以治疗肾炎、肝炎、外伤接骨、高血压、肿瘤、月经不调、肠炎、疟疾等37种疾病。

为了挖掘傣医傣药资源，提高各族人民的健康水平，自治州1977年成立了州民族医药调研办公室，并在此基础上于1979年成立了州民族医药研究所，1988年4月建立了西双版纳傣医医院，这是全国唯一的傣医医院。

多年来，州傣医医院和民族医药研究所坚持继承和弘扬传统傣医药，以傣医为主，傣中西医结合等诊疗方法，在临床治疗和傣医药研究方面不断地发展和创新，继承傣医诊疗方法（望、闻、问、摸）的传统方法诊治各种疾病。傣医医院设有"烘雅"（熏蒸疗法）、"暖雅"（睡药疗法）、"阿雅"（洗药疗法）、"难雅"（坐药疗法）、"沙雅"（刺药疗法）、"果雅"（包药疗法）、"过"（拔罐疗法）、"查雅"（擦药疗法）等傣医传统疗法，主要用于治疗各种疑难病症。州民族医药研究所和傣医医院已收集到7000多个傣族传统药

第七章 傣乡的医疗卫生事业

方、单方、验方和秘方,从中筛选出100多个应用历史悠久、疗效确切、毒副作用小的傣药进行临床疗效观察。目前,这两个机构已成为傣药研究开发、傣药制剂和剂型改革基地。拥有省药监局批准的傣药制剂"咳喘灵"等43个品种,研制生产片、丸、散、膏、颗粒、口服液、油剂、酊剂等12种剂型用于临床。2006至2007年,完成了54个傣药材质标准研究制定工作,已通过省食品药品监督管理局组织的专家评审并颁布实施。

州民族医药研究所和傣医医院已收集到傣医药书200多部,经过翻译、整理、研究,编写出版了《西双版纳傣药志》(1-4集)、《古傣医验方注释》、《傣医传统方剂研究》、《嘎牙桑哈雅》、《傣医四塔·五蕴理论研究》、《傣医名词术语解释》、《竹楼医述》、《傣医诊断学》、《风病条辨译释》、《傣医基础理论》、《傣医中专班临床试用教材》、《中国傣药彩色图谱》、《傣医方剂学》、《傣医经典选读》、《傣医药史》、《傣药学》等20多部傣医著作。从2007年起,每年出版一期中国民族医药杂志"傣医傣药"。

在编写《西双版纳傣药志》的过程中,科研人员对药用植物的来源、形态、产地、分布、采集加工、功能主治、用法用量、临床验证等方面都做了大量的研究工作。尤其是有些药用植物的功能、主治都比较特殊,是以往任何中草药书上罕见的热带种属,如龙翅豆蔻、柚木、象眼蕉、杏龙草、嘉兰杨素麻等品种。这些傣药的发现,丰富了我国医药宝库的内容。在这些药物中,"雅叫哈顿""麻罕"等8种已被收进《中国药典》;有24种傣药被收进了《云南省药品标准》;有3种傣药被收进了《中国民族药志》;有29个傣药方剂被收进了《云南农村制剂规范》。

到2011年,全州县级以上综合医院已设有中医科、傣医科,共有260多名中、傣医药专业人员,先后有55项傣医药科研项目被国家、省、州立项,其中有13项获州级以上科技进步奖,有300多篇学术论文发表在省级以上报纸杂志上。傣医医师资格考试通过试点,已从2008年起纳入

全国统考,傣医执业已迈入法制化管理轨道,傣医药正向系统化、理论化、规范化、科学化的方向发展。

南药引种研究有新进展

南药指从南路来的药,即从东南亚、南亚、非洲、南美引种的药材。中国医学科学院药用植物研究所云南分所(简称药植所)1979年在景洪建立以来,一直从事南药的引种和研究,具体说来,就是从事热带药用植物研究规范化种植、热带药用植物资源保护与利用、民族医药发掘整理与研发等。由于傣药中有南药,南药中有傣药,故人们常将"傣药南药"相提并论。

药植所是集科研、开发、产业和科普教育为一体的国家级社会公益类科研机构。设有名盛制药厂。建所以来,承担国家科研课题65项,引种栽培成功印度萝芙木及宿砂蜜、千年健、使君子、重楼、蔓京子、琥珀、安息香、乳香、胖大海等20多种珍贵南药;取得科研成果30余项,其中省部级以上成果8项；编撰学术著作8部，其中，《南药-白豆蔻栽培研究》获1986年卫生部乙级科技成果奖；《砂仁在西双版纳引种推广》获卫生部1987年科技进步一等奖；《36-3中西药利用开发研究》《白豆蔻栽培生产关键技术研究》获西双版纳1989年科技进步三等奖；《热带基诺山区科技开发》获西双版纳1988年科技进步一等奖、云南省科委"星火"科技二等奖，1989年获国家"星火"科技四等奖；《微量元素在中药栽培中应用研究》1995年获国家中医药管理局中药科技进步三等奖等。

砂仁，是西双版纳产的主要南药。这种姜科豆蔻属多年生草本植物的果实，具有行气、健胃、消食等效用。中医用于医治胃腹胀痛、恶心呕吐、肠炎、痢疾；傣医以嚼食或泡酒喝医治胃肠疾患。据药材部门20世纪50年代中期调查，全州有野生砂仁733公顷，有产面积340多公顷，年产量达5200多公斤。这些野生砂仁经药植所等部门进行植物和生物药理检验、鉴定，药品质量上乘，

第七章 傣乡的医疗卫生事业

由药材公司收购。由于西双版纳具有发展砂仁的条件,从20世纪60年代中期起,药植所和药材部门开始有计划地引种品质更佳的阳春砂仁,经试种成功后在景洪、勐腊县大面积推广,全州种植面积超过4000公顷,产量已占全国砂仁产量的20%~50%,经国家有关部门鉴定,其性能、品质与原产地相同。

萝芙木,傣语称为"麻三端",西双版纳有野生种。其根具有镇静、降血压、活血、镇痛作用。用于治疗高血压、眩晕、失眠等症,是提取利血平和寿比南的原料。本地虽有野生萝芙木,但产量有限,因此,从20世纪60年代起开始引种催吐萝芙木、中国萝芙木、印度萝芙木等10多种萝芙木属植物。引种成功的催吐萝芙木中利血平含量达0.1%,位居国内引种地之首,已用于制造"降压灵"投放市场。

檀香,系檀香料半寄生常绿乔木,以干燥心材药用,有理气、温中、和胃、止痛的作用。20世纪70年代中期,药植所开始引种檀香。这种在国外要三四十年才能成材采药的乔木，在西双版纳只需 7 年便能形成结香心材，出油率可达 1.5%，单株产量含鲜香材 129 克，得结香心材 25 公斤。

此外，西双版纳引种、栽培的南药，还有肉桂、洋苏木、益智仁、丁香、芦荟、荜茇、柯子、马钱子、龙血树、樟树等。

血竭，我国古代医学家称其为"麒麟竭"，具有止血、活血、去血瘀的功能。历史上所用血竭完全依靠进口。提炼血竭的原料龙血树，人们一直认为只有非洲有产。直至 20 世纪 50 年代，著名的植物学家蔡希陶才在西双版纳勐腊县发现有龙血树资源。从此，蔡先生便带领植物园的科技人员开展了对龙血树资源的引种、驯化、试种和开发应用研究，着手研制中国的红药——血竭。由于各种原因，蔡先生在世之时，国产血竭未能面世，至他辞世时，尚处于临床试验阶段。

经过科技人员不懈的努力，不仅以丰富的临床资料充分证实了"雨林牌"血竭的祛瘀、祛腐

第七章 傣乡的医疗卫生事业

生肌、养血生血、消炎止痛、止血敛疮和治疗妇科血症方面的显著疗效,并且还通过化学成分、药理学试验和动物急性病毒性试验进一步证明了西双版纳热带植物园生产的"雨林牌"血竭含有五种芳香型化合物,具有很强的抗菌防腐作用。同时还发现了它的有效成分是一种新的甾体式,对治疗冠心病、胃肠疾病、脑中风、骨结核、脉管炎、皮肤瘙痒等疾患都有疗效。

1992年,热带植物园制药厂引进先进的制药设备,改进工艺流程,生产出了纯度达到96%的"雨林牌"血竭。经植物园化学研究室对该产品全程监测、检验和抽验,产品合格率连年达到100%。1994年,该血竭在中国第六届新技术、新产品博览会上荣获国家科委授予的金奖;后来又荣获中国第一届国际医药保健科技精品博览会金奖,被誉为"活血圣药"。

樟脑,是以樟树为原料提取的林化工产品,主要用于医药和化工。天然樟脑在国际上较为走俏,产地有限,我国仅福建、江西、云南和台湾等少数地区有产。西双版纳是云南历史上樟脑的主要产地。福建、江西、台湾等地产的樟树,樟脑、樟油含于树干之内,须伐树杆提炼,方可获得樟脑、樟油,得樟脑而毁樟树、樟林。与以上地区产的樟树不同,西双版纳产的樟树,樟脑、樟油含于叶内,只需取其叶片蒸馏便可获得樟脑、樟油,不需砍伐其树干,樟树不受破坏。

勐海县是西双版纳樟树的主产区。樟树的分布以勐海坝为中心,向勐宋、勐遮、勐混几个坝子的边沿和勐岗等地辐射。据调查,20世纪80年代末期,全县共有樟树323499株,70%分布于县内坝子周围。其种类有黄樟和毛叶樟等10余种。其中有的主要含樟脑,有的主要含樟油。樟树含有一种特殊的香气,结紫黑色果实。当地傣族群众常嚼未成熟的青色樟叶治腹痛。用樟木加工的木箱,盛装衣物可防虫蛀。

第八章 傣族的宗教信仰

中国云南的傣族,有近百万人既信奉南传上座部佛教,又保持对民间宗教的信仰;有约30万人只信奉民间宗教而不信奉佛教;有少数人信奉伊斯兰教和基督教。

对民间宗教的信仰

在傣族原始社会时期,即"没有官、没有佛寺、没有负担(剥削)"时期,生产力低下,人们对自然现象不能理解,对许多自然物和自然力既依赖又畏惧。他们认为自然物和自然力与人一样有意志和灵魂,将其加以神化。人们最初只是把这些自然现象当作有人格、有意志的实体加以崇拜,崇拜活动也较简单,只是在语言或姿态上对崇拜对象表示感谢、敬意、屈服、祈求，之后才逐步供奉祭品和牺牲。

自然崇拜，就是对自然物、自然力以及在万物有灵观念下产生的依附于自然物内、对自然物起支配作用的各种神灵的崇拜。自然崇拜是傣族最古老的宗教，他们对自己依赖的自然物产生了神秘感，对自己无法驾驭的自然力产生了恐惧感，从而产生了对自然物和自然力的崇拜。日月星辰、山水林木等都是自然崇拜的对象。在众多的自然物中，傣族对大地、森林和水尤为崇拜。他们认为：大地生长万物、承载万物，是孕育万物的母体；森林生长树木、养育禽兽，是万物生长的摇篮；水滋润大地、哺育万物，是万物的乳汁。大地、森林和水都是人类繁衍生息的依赖，人们应当像尊敬父母一样崇敬大地、森林和水。傣族文献《谈寨神勐神的由来》说："大地是母亲，森林是父亲，只有从父母那里才能获得食物。"

对天地、日月、水土、火、风、雷电、林木等自然物或自然现象，傣族自古以来都是十分崇

第八章　傣族的宗教信仰

拜的，认为这些自然物或自然现象，都有灵魂（鬼神）存在，它们既可赐福于人，亦可降祸于人。于是他们在生产生活中，常以各种祭祀活动来表达自己的祈愿，祈求它们赐福、消灾除难。傣族的自然崇拜可分为两种，一种是对自然物和自然力的直接崇拜，即把可以直接为感官所感觉到的自然物和自然力当作崇拜对象；一种是对精灵和鬼魂的崇拜，其崇拜对象不是由感官所感觉到的某种自然力量，而是幻想出来的某种超自然的精灵、鬼魂等，但仍将自然力作为精灵、鬼魂力量的表现。

傣族祭祀民间宗教活动主要有以下几种：

祭勐神。傣族称为"灵丢拉勐"（又称"灵批勐"），意为祭全勐的神。据说，勐神是由创建勐的首领或英雄死后变成的。新中国成立前，仪式十分隆重，一般由"召勐"主持。西双版纳最大的勐神在竜南（即路南山），祭勐神仪式由召片领或其代理人主持。一般三至五年祭一次，但若遇社会动荡、生灵涂炭则一年一祭，祈求勐神保佑全勐平安，五谷丰登。新中国成立后，祭勐神仪式一般由全勐德高望重的"波勐"（全勐民间宗教活动主持者）主持。

祭勐神的仪式，由波勐负责收取祭勐神款并联系相关事宜。待祭祀款收齐后，波勐就到各村寨挑选祭祀用牛，根据传统习惯，祭祀用的牛必须是水牛，而且水牛必须是白蹄、黑毛、耳全、尾伸。祭日选定后，在祭祀前的一天下午，要把"达辽"插在全勐的地界做标记，不许外勐的人进入。"达辽"是一种用细竹条编成的小四方形的竹牌（避邪物），待祭祀活动结束，才把它取掉，外勐的人才能自由出入。

祭品主要是水牛或猪。祭祀时，有的地方要举行剽牛仪式。过去，牛死后，牛头送给波勐，前后各一腿分给波勐所在的寨子，牛脖子送给纳花（右将军），另外两只腿送给土司，其余的分给傣勐及其他参加祭祀的群众。有的地方祭祀用牛不是用剽而是用刀宰杀，割牛皮时，不能将牛皮割破，要整块地剥下来架在四个柱子上当作锅

第八章 傣族的宗教信仰

来煮牛肉。祭祀仪式由该勐中心寨子的"波曼"（寨父，宗教仪式主持人）主持。祭祀仪式由傣勐寨的人参加，仪式极为隆重。祭祀活动结束后，参加祭祀活动的所有人都要与勐神一起进餐，把祭祀勐神的牛肉或猪肉全部吃光，不能带回家，因为这些食物都是供奉给勐神的。

祭寨神（灵丢拉曼）。寨神即村寨的神，是建寨最早的人或建寨英雄死后变的神，是傣族民间宗教的主要崇拜对象和祭祀对象之一。自有史以来，傣族一直延续祭拜至今。无论迁徙至何处，都要祭拜到何处。祭寨神的目的是祈求寨神保佑全寨老小平安，旱涝保收。

祭寨神一般一年一祭，有的一年两祭，以自然村为单位举行祭祀，严禁外人和佛教僧侣参加。以牛、猪或鸡为祭品。祭寨神的牛必须是脖子上有三条花纹的雄性牯子牛。一般在祭前一个月，就要派人四处寻找符合要求的牛，各家也可以主动推荐，若谁家能推荐出祭寨神的牛，就是一种荣耀。找到牛后，要向牛主说明来意，并按习惯向上议价，只能向上涨价，不能向下压价，直至议到双方都满意的价格，买主付了钱才把牛牵走。如果用猪来祭寨神，必须是黑毛公猪。如果是用鸡，必须是红公鸡。

祭寨神期间，要用草绳围住四周，作为与外界隔离的寨墙，把避邪物"达辽"插在寨子的地界。祭祀时既不许外寨人进入寨子，也不准本寨人外出。出家修行的僧侣，已成为外人，也不能参加祭祀活动。四方寨门都要有人把守，严格执行，这一禁令到祭祀结束时才能解除。祭祀仪式由波曼主持，全寨人都必须参加。祭祀结束以后，全寨人都要在祭祀的地方与寨神共进野餐，与寨神同乐。

送寨鬼。这是傣族重要的民间宗教习俗之一，每年定期举行一次。仪式也很隆重，要集体杀猪或杀牛一头，各户都要准备好送寨鬼的供品：编一块竹篾片，用芭蕉茎削成四方块置于篾片上，放上用泥巴捏制的人、马、牛、猪、鸡、鸭、狗若干，再放上蜡条、糯米饭、水果、糖等，将其

第八章 傣族的宗教信仰

送入神房，供奉给寨鬼。等"波曼"念完祷词后，各户将供品抬到寨外，祭祀活动结束。全寨人集中到寨心场地共进午餐，唱歌跳舞，尽情欢乐。

祭家神（灵丢拉很）。家神是本家的祖先神灵，其灵位放在每个家庭的正房上方，以竹片编成的小竹台或小竹盒，作为家神灵位的标志。祭品以蜡条、谷花、鲜花、饭菜和水果为主。祭品必须保持新鲜，每天换一次。早餐前，先盛上一碗饭或一团糯米饭放在家神的神台上，以示供奉，然后家人才用早餐。蜡条、鲜花、水果可根据情况一星期或一个月换一次。祭家神以求祖宗神灵保佑家庭成员平安。

祭水神。祭水神体现了傣族对水的崇拜。建勐、建寨、建房，傣族总要挑选靠近江河、湖泊的地方。因为水可以养育庄稼、畜禽，给人类带来食物。同时水也会泛滥成灾，给人类带来不幸。因此，水是有神灵的，祭祀它，便可求得风调雨顺、人民安康。自古以来，傣族傍水而居，与水相伴，水成为傣族生命中的一部分，没有水就没有田、没有粮，人类就不能生存。过去，每年祖腊历五六月修沟之后，傣家人就要杀猪或杀鸡举行祭水神的"开水"仪式。祭祀时，要念《杀鸡祭水神祷词》，内容大致是："今年是个吉祥的年份……我带来鸡、筷、酒、槟榔、米花和蜡条，供奉给井边渠道四周的男女神祇，请尊贵的神灵用膳。敬请神灵保佑并护卫各水沟与渠道，勿使其崩溃与漏水，要让水均匀地流下来。并祈求风调雨顺，使庄稼茂盛壮实，不要让害虫咬噬，不要让作物受损，让地气熏得谷子饱满……"念完祷词就开渠放水，对水沟修理情况进行检查。

祭田神。每年祭两次，时间是祖腊历九月中旬和十月中旬，即在插秧前和秋收后举行。具体哪天祭神由主人自定。祭前先做一个木架，把它插在稻田的中央，上面放一些糯米饭团、芭蕉叶蒸肉包、水果、鲜花、蜡条等祭品。祭者手持7棵秧苗，一边把秧苗插在田里，一边祈祷：我插上这棵秧苗是为了让它扎根于大地，是为了使它

第八章 傣族的宗教信仰

苗壮成长,是为了能有一个好收成,是为了儿孙满堂,是为了家庭兴旺……插秧前祭田神是祈求田神保佑谷物丰收。插完秧后,如果稻田得了病虫害,主人要煮一锅牛皮杂菜汤去祭田神,把汤分别放在田的四周,放一碗在田的中央。如果秧苗得了白粉病,主人要用柚子去祭;如果秧苗得了红粉病,主人要将三瓣果的树枝分别插在灌渠和田的四周。秋收后祭田神,是为了感谢田神给人类带来了丰收。

叫谷魂、祭谷神。其目的是将谷神请进家,让谷神永远保佑庄稼人。祭谷神时要准备酒菜、蜡条4对、鸡1只、鱼1条、米饭1团、水1盅。祭祀时,由长者念诵《叫谷魂词》,其大意是:"谷魂呀,你是王,你是主,千亩黄谷已归仓,千亩稻草已推齐。谷魂呀,快回家,快归仓!一粒谷胜过千两金,一粒谷胜过万挑银。生命靠着你,人类靠着你,你不要抛撒在大地上,大地蚂蚁多,蚂蚁会吃魂,还有贪吃的麻雀和野鸟,天天在田里觅食,专找谷魂吃。今天主人来,声声把你叫,把你带回仓,新仓篱笆围得严,风不透雨不淋,蚂蚁钻不进,老鼠进不来。你在谷仓里,舒服又平安,待到明年新月时,你再到田里,打苞扬花,吐香争艳。回来吧,别在野外淋雨。谷是王,谷是主,回来了!回来了!"

祭猎神。过去傣族狩猎,也有一系列的祭祀活动,称为祭猎神。各村寨都要通过占卜推选狩猎领袖"摩反"。出猎前要在"敢贩"(神树)旁举行祭祀,认为猎神就居住在神树上。西双版纳傣族祭猎神是在猎神殿或寨神庙举行的,由专管祭祀猎神的"摩反"大声念祭词,其大意是:今天是个吉祥的日子,我们去打猎,猎神带着我们去,猎神一定要保佑我们满载而归。"摩反"念完祭词后,把竹筒里的酒泼洒在神殿前的地上,仪式就结束了,猎人们就可以出去打猎了。

祭达辽。祭达辽的时间在祖腊历九月插秧以后举行。届时各户用竹篾编的几片"达辽",用长杆插在田间地角,把"达辽"拴挂在长杆上,或用草绳拴挂在粮仓与竹楼周围,念诵一段祭词。

第八章　傣族的宗教信仰

据说，通过祭"达辽"可以丰衣足食，人畜兴旺。

此外，傣族还有许多农业祭祀，如祭水田鬼、祭旱谷地鬼、祭鱼塘鬼以及祭铁匠鬼、祭草医鬼、祭水鬼、祭太阳神、祭凶死鬼、祭坟地鬼、断鬼路等习俗。

信奉南传上座部佛教

西双版纳傣族信奉的南传上座部佛教，是与傣族民间宗教相融合并吸收和改造了傣族传统文化而形成的精神文化综合体，具有浓厚的傣族特色和西双版纳特色。

佛教传入西双版纳的时间。据傣文史料记载，早在一千多年前，上座部佛教就先后从缅甸、泰国东北部传入西双版纳。当时并没有建立佛寺、佛塔，佛经是靠口传心授的方式来传播的，没有建立正规的佛教组织。12世纪，由于现今泰王国东北部的古兰那政治、经济逐渐强盛，佛教也随之得以繁荣兴旺，"润派"佛教兴起。由于兰那泰君主帕雅莽莱之母是西双版纳第四任召片领岛陇建仔的妹妹,兰那与西双版纳的关系十分密切,民间的商业交往日益频繁。那时正是"润派"佛教兴盛时期,许多被派往斯里兰卡学习深造回来的高僧,用兰那泰文翻译、注释了一大批巴利文佛经,并在泰、傣、掸语文化区域广泛传播。由于兰那泰与西双版纳傣族语言相同,因此佛教在西双版纳传播极快,已开始建立佛寺、佛塔和僧团组织。祖腊历639年(1277年),西双版纳傣文(与兰那泰文大同小异),正式创立,刻写在贝叶上的佛经才开始出现。

据傣文《泐史》记载:祖腊历819年(1457年)第十七任召片领三宝勒傣继位时的情况:"人们群诣佛寺,面对佛法僧三宝宣誓,并将誓词刻记于寺中。"说明15世纪中叶,西双版纳已盛行上座部佛教,并初步形成了政教结合的制度。祖腊历913年(1569年),西双版纳第二十三任召片领娶了缅甸洞吾王朝的公主嫡苏晚纳巴都玛为妻,洞吾王朝国王派遣僧团随公主到西双版纳

第八章 傣族的宗教信仰

传教,他们带来了三藏经典和佛像,在景洪地区修建了一批佛寺佛塔,使佛教在这里有了进一步的巩固和发展。

西双版纳的佛寺古时分为四个等级,最高一级佛寺称为拉扎坦总寺,设于召片领所在地景帕炕,它是统领全西双版纳的总佛寺;其下设12个版纳拉扎坦总寺和36个勐总寺;第三级是由4所以上村寨佛寺所组成的布萨堂佛寺(即中心佛寺);第四级就是村寨佛寺,这是最基层的一级佛寺。此外,还有拉扎坦大总寺直辖的召片领司署的若干个内佛寺。

上座部佛教的经典。西双版纳上座部佛教傣文经典分为经藏、律藏、论藏和藏外4大部分。经藏分为长阿含经、中阿含经、相应部经、增一阿含经、小部经5部分。小部经是一部由各种不同类别的篇目汇集起来的经集,经文内容较短,有故事情节。小部经有15种,西双版纳傣文除了音译的巴利文本外,还有不少的注释和傣文译本。人们熟知的佛教文学作品《本生经》就是小部经的一种，它有547个佛本生故事，其中最末一个故事《维先多罗本生经》，在傣族中颇受崇奉和喜爱，对佛事活动、日常生活、风俗民情诸方面都有较大的影响，人们一般都将其作为佛教规范来遵循。律藏分为波罗夷品（比丘戒解说）、波逸提品（比丘尼戒解说）、大品（包括佛传、雨安居、医药、僧服等10章）、小品（包括羯磨、灭净、生卧具、仪法、佛典结集等12章）、附录（比丘戒、比丘尼戒解说及大、小品的注释）5个部分。论藏分为法集论、界论、人设施论、双论、发趣论、诲事、摄阿毗达义论7部分。藏外部分的傣文不全，只有《阿兰陀问经》《岛史》《大史》《小史》《清净道论》有傣文本，佛音、法护、佛授等，尚无傣文本。

据中国佛协副会长、云南佛协会长刀述仁说：西双版纳的南传三藏，除音译的巴利典籍之外，一般重要经典都有傣文译本和注释。此外，还有为数不少的傣族高僧、学者的著述，范围十分广泛，如天文、历法、医药、历史、文学、民间故

第八章 傣族的宗教信仰

事和来源于佛经的佛教故事等。

以上的佛教经典,已由西双版纳州政府和云南大学合作,翻译、整理成百卷《中国贝叶经全集》114册(新、旧傣文、汉文直译和意译、国际音标及经书扫描六对照),由人民出版社出版发行。

佛寺的教育。从佛教传入至今,傣族仍沿袭着古老的习俗,男童9岁左右即由父母或教父、教母举行隆重的仪式,将其送入佛寺为僧一段时间。此举有三个意思:一是为祖先超度亡灵;二是报答父母的养育之恩;三是接受教育。过去西双版纳没有学校,只有入寺为僧才能学到文化,才能算有知识、有教养的人,才能被社会所尊重。出家时间可长可短,但不能少于一个雨安居(3个月),不愿还俗者,年满20岁可升为都(比丘),年满30岁仍不愿还俗且佛学造诣较高者,可升为高升"祜巴"。

西双版纳僧侣的等级,实际上只有三个,即:帕(沙弥能士)、都(比丘)、祜巴(长老或都统长老），这是按受戒级别划分的。另外，还有若干个荣誉称号，如：萨密（萨门统长老）、帕召祜（阐教长老）、僧伽罗阇（僧主长老）、松列·阿伽牟尼（大僧正长老）等。这些荣誉称号都是根据终生为僧的长老们个人的学识、佛学造诣、所住持佛寺的等级和僧龄等条件而加封的。每座佛寺的住持长老或比丘，除了主持佛事活动、管理佛寺之外，也是担负教育学僧义务的当然的老师。因此，在过去没有学校的情况下，佛寺是教书育人、继承和弘扬傣族传统文化的重要场所。于是社会上将僧人当成有知识有文化的人来尊敬。

佛教的节日。重要的节日有浴佛节、雨安居、献经节、毫甘、赕塔等。浴佛节，时间在祖腊历6月（6月6日至7月6日之间），阳历4月中旬。浴佛节将佛祖诞生、成道、涅槃3个日期合并举行纪念活动；祖腊历元旦（傣历以6月为岁首）是傣历新年，傣语称为"桑堪比迈"（即6月新年）；节日期间要举行隆重的浴佛仪式，傣家人又把佛寺内的浴佛活动扩大到群众之间的相互泼水

第八章 傣族的宗教信仰

祝福活动,故这一节日又被形象地称为泼水节(又称为东方狂欢节)。

雨安居(傣语称毫瓦萨、翁瓦萨,当地汉族称为关门节、开门节)。时间在祖腊历九月圆日至十一月圆日。在这三个月期间,每七天有一整天和两个晚上为戒日,要举行一定的佛教仪式,多数老人要住进佛寺里持戒、听经、坐禅;僧侣必须严格遵守传统佛制和各自所受的戒律;一般的信徒不出远门、不办婚事、不盖房屋。献经节傣语称为"赕坦",时间一般在雨安居的第45天左右。届时每户信徒自己抄写或请人抄写一本或数本经书献给佛寺,聆听僧侣念诵自己奉献的经书,并制作袈裟及生活用品布施僧人,作为在家的信徒对拥护佛法僧三宝的表示,祈求佛祖保佑赐福,时间为3天3夜。

毫甘(守戒节)。时间在祖腊历二月,届时以勐为单位的全体比丘在勐级拉扎坦总寺大长老的率领下,集中在某一佛寺的空场地,各自搭一间小茅棚居住,每日早、晚集体上佛殿礼佛;中午集体进布萨堂自恣；上午、初夜、午夜3次各自在小茅棚内坐禅。每日正午以前，比丘们从布萨堂出来，赤脚露肩，胸前挂钵，结队到寨边化缘，信徒们集中在寨边布施供养。比丘们的衣食住行及宗教生活，完全模仿古代僧侣的生活方式，时间为10天10夜。

赕塔（又称拜塔）。时间在祖腊历1月15日，若遇农忙，可推至二三月。赕塔时间一般都是1至3月的15日。据说，佛祖都是15日出门。西双版纳的佛塔属舍利塔，是安葬佛祖头发、骨头等遗体的，因此赕舍利塔也是敬献佛祖之意。届时信徒们从各地赶来拜塔，各级佛寺的长老、僧人也要向佛塔跪拜。信徒和僧侣拜塔后，手持鲜花，赤脚绕塔3圈，口中念诵着佛经，为塔泼水洗尘。佛门弟子也制作纸花树，将钱币、红花贴在树上，并带上食物、礼品，在埋有舍利的佛塔前供祭、诵经、滴水，朝拜圣迹。之后，众人在象脚鼓、铓锣、镲的伴奏下翩翩起舞，并把一支支高升燃放入云天，赕塔活动达到高潮。

第八章 傣族的宗教信仰

南传佛教对傣族社会的影响。在佛教传入前,傣族信奉的是民间宗教,它既没有统一的说法,更没有统一的教规、教义和戒律。而佛教有统一的教主释迦牟尼,有系统的佛教理论,有严谨的教规教义和严格的戒律,比起前者要强大得多。如:傣族祭祀寨神、勐神时,是严禁他勐的人参加的,是封闭的、地区性的信仰。佛教传入后,就打破了这种状况,宣扬佛是大家的,佛教是公共的。举行佛教活动时,无论哪勐哪寨的人均可参加,这就打破了寨、勐的界限。其次,佛教的传入,带来了印度的巴利文、天文历法和其他古代文明,使傣族有了文字,促进了经济、文化的发展。其三,佛教的教规、教义、戒律,不仅符合民众的愿望和要求,他们可利用佛教来反抗封建领主制,也符合封建领主的需要,他们可以利用佛教来确保其统治地位的稳定。在南传佛教中,不杀生、不偷盗、不淫邪、不妄语、不酗酒五戒是最基本的戒律。这是对一般信众的要求,一般的僧侣必须遵守八戒、十戒以上,高僧必须遵守二百戒以上。这些戒律使傣族信徒通过自身的修持，戒除那些邪念、恶语、劣行，从而洁身自好，净化心灵。同时，佛教还善于将传统的习惯和地方性法规与佛教的戒律结合起来，用以调解纠纷，解决各种矛盾，使其成为调节人与社会关系的一条途径。南传佛教倡导的"善行修身"的道德观，培养了傣族民众以和为贵、与人和谐相处的性格，使傣家人养成了善良、诚信、友爱、和睦、尊老爱幼、以德报怨、以礼待人的美德。傣家人常说："做善事，当好人"，"善待朋友，诚实做人"，"要时时想着别人的恩德，要知恩图报"，"要关爱父母"，"哪怕把父母背在背上一百年，也报答不了父母的恩德"……这样，人与人、各民族之间和睦相处，"如同一个父母所生的兄弟"，社会就稳定了。

南传佛教不仅吸收了傣族历史、文化的精华，而且也吸收了傣族民间宗教活动中某些积极的因素来丰富自己，使上座部佛教文化内涵更丰富。例如：嫡妥腊妮，本是傣族原始宗教中的水神，

第八章 傣族的宗教信仰

她的长发里贮有取之不尽的水,干旱时,她就挤出长发里的水,使干裂的土地有了水的滋润。一次,佛祖外出传经时,遭到了民间宗教头目帕雅满的袭击,婻妥腊妮便挤出长发里的水,顿时洪水汹涌而来,把帕雅满冲走了,使佛祖化险为夷。于是佛殿里佛座的前面,就有婻妥腊妮的塑像。许多村寨水井的旁边,也有婻妥腊妮的身影。诸如此类的例子,不胜枚举,说明西双版纳的佛教和民间宗教是相互影响、相互吸收的,两者"和平共处",不相互排斥。

对伊斯兰教和基督教的信奉

西双版纳傣族有数千名信奉伊斯兰教与基督教信徒。

信奉伊斯兰教的傣族,傣语称为"帕西傣",意为傣族中的回民、信奉伊斯兰教的傣族,分布于勐海县的曼峦回。据说,这些人是明清时期从大理来西双版纳做生意的商人,他们与傣族妇女结婚后,就有了"帕西傣";也有的说,他们是杜文秀起义失败后，有一部分回民逃到勐海，与傣族妇女结婚，其子女就叫"帕西傣"。"帕西傣"除了信奉伊斯兰教、建有清真寺、过开斋节、古尔邦节、不吃猪肉以外，住房、衣着、语言与傣族无异。

基督教是20世纪20年代初由在泰国的美国传教士传入的。1920年至1940年间，美国传教士先后来了四五批，他们在景洪的曼允建有基督教堂、宿舍、教会医院和学校，用各种巧妙的办法吸收傣族群众和部分头人皈依基督教。他们还在橄榄坝的勐宽建有教堂。1941年太平洋战争爆发后，美国传教士撤走了，但基督教活动仍在继续。新中国成立后直至1977年，傣族地区的基督教活动完全停止。党的十一届三中全会后，随着党的民族、宗教政策的落实，傣族地区的基督教活动得到了恢复。

第九章　绚丽多彩的民族风情

当你踏进这块神奇土地的时候，就有一种浓郁的民族风情向你扑面而来……

饶有风趣的婚姻与家庭

恋爱自由。傣族青年谈恋爱，不仅特色鲜明，也十分含蓄。节日是青年们最企盼的日子，因为节日期间举行的活动，不仅是娱乐性的，也是青年谈情说爱的好机会。丢包不仅是青年们喜爱的一种娱乐性的体育活动，也是他们选择知音的传统方式。每当傣历新年即将到来时，姑娘们就精心制作一种菱形的花布包，包内装有棉籽，4个角缀有缨须，正中缝有1根约两尺长的提绳。她们把自己的心思缝进了包里。

节日一到,青年们便穿着节日的盛装(姑娘们带着花包),来到约定的广场或开阔地上,男青年们站在一边,姑娘们站在小伙子们的对面,男女之间相距二三十米。开始时,由姑娘们先向小伙子队伍丢包,小伙子接包。一般来说,开始时大家都无目的地乱丢,过去,如果小伙子接不着姑娘丢过来的包,就得送钱给姑娘,少则几角几元,多则几十元;姑娘接不着小伙子丢过来的包,就得给小伙子献花。后来赠钱的方式就改为献花或赠送纪念品了。丢包活动进行到一定的时候,青年们就开始有目的地选择对象了。当他们看中自己心仪的人时,就把心爱的花包丢给他,若对方接住了,就意味着他也喜欢她。这样,两人就频繁地对掷起来,心知肚明的一对情人就相约着退出活动场所,到僻静地方相互倾吐爱慕之情去了。

节日期间买卖熟鸡肉,也是傣族青年寻找对象的一种方式。姑娘们把茶花鸡杀了,做成香喷喷的黄焖鸡,带到赶摆上场去卖,若她对来买鸡

第九章 绚丽多彩的民族风情

肉的小伙子不中意,要么要价高,要么连备用的小凳子也不拿出来让他坐,使他尴尬地走了。若姑娘心仪来买鸡肉的小伙子,就会主动地把备用的小凳子拿出来,让他坐在自己的身边品尝鸡肉,要价也不高。小伙子边吃鸡肉边与姑娘聊天,聊得投机了,两人就相约着,离开赶摆场,到僻静的地方倾诉衷肠去了。

有的小伙子为了弄清自己心仪的姑娘是否有了意中的人,便含蓄地问:"阿妹啊,你焖的鸡肉,放的是凤凰山上的青辣椒、孔雀湖里的盐巴、芳草园里的香茅草吧,香得让人倾倒,味美得令人陶醉,是不是有贵客先来交了礼金?"姑娘说:"阿哥呀,这鸡肉没有任何人来定做。妹妹是想让好心的人来品尝,如果阿哥不嫌弃,就坐下来尝尝吧。"说罢,姑娘就把备用的小凳子拿出来放在自己的身边,示意让小伙子坐下来品尝。小伙子刚落座,又说:"我们傣家人常说,一起吃才甜,一起抬才轻,我俩就一起吃吧!"姑娘又说,"阿哥啊,俗话说,放开来吃才香甜,放开来做才利索,这里人多嘴杂,我们还是到林子里去吃吧!"两情相悦的情人,就在林子里的一棵大树下,边吃鸡肉边"谈心"去了。

开门节过后,天气渐渐凉爽,农活也不多了。这时纺线场上便热闹了起来。夜幕刚刚降临,姑娘们便二三个、三五个地相约着,在某家的院子里燃起一堆火,架起木制纺车纺起线来。她们不是因为天气冷而围着火堆纺线的,而是为了选择自己心仪的小伙子。他们每人都带有两张小凳子,一张自己坐,一张是留给情人来坐的。这时,三三两两的小伙子有的吹着笙,有的拉着定,串纺线场来了。他们用优美、抒情的乐声向姑娘们求爱。小伙子慢慢地走近自己心仪的姑娘。如果姑娘喜欢来找她的那个小伙子,她就会向他提出风趣而寓意深刻的问题:"阿哥呀,今晚你是用南瓜下饭,还是用盐巴下饭?"如果小伙子说:"用南瓜下饭。"姑娘就会高兴地拿出备用的小凳子让他坐在自己的身边,这就意味着他俩是彼此相爱的。如果小伙子回答的是"用盐巴下饭",姑娘就不

第九章 绚丽多彩的民族风情

会把备用的小凳子拿出来,拒绝他的追求。这是为什么呢?因为傣族有两句谚语:"用南瓜下饭,对姑娘满心喜欢。""用盐巴下饭,有困难才来洽谈。"

对唱山歌,也是傣族青年寻找对象的一种形式。不同村寨的男女青年时常在山上砍柴、采野菜时相遇,有的人一见钟情,便用对唱山歌的形式来表示对对方的爱慕之情。

婚姻与家庭。傣族男女青年相爱、定情之后,便由男方父母托媒人去女方家提亲,女方父母一般是不会作梗的。订婚之后,就选吉日举行婚礼。婚礼一般都在女方家里举行,因为傣族有从妻居的习俗。婚礼的主要仪式是拴钱,傣语叫"树欢",直译为拴魂,即把新郎新娘的魂拴在一起。结婚那天,人们把新郎送到新娘家里,举行拴线仪式。主婚人坐在拴线桌旁的上方,亲友们靠近主婚人围桌而坐,新郎新娘男右女左地侧跪在主婚人的对面。拴线仪式开始时,先由主婚人致辞,在座的人均伸出右手搭在桌子上,低头倾听贺词。

主婚人致完贺词,新郎新娘每人从桌上揪起一小坨糯米饭,在酒里蘸一蘸,然后点祭桌上的雏鸡肉、盐、芭蕉等物,每人连续点3次,然后把饭坨放在桌子上。接着,主婚人从桌上拿起一根较长的白线,从右至左,绕过新郎新娘的肩,把线的两端搭在桌上,表示已把两人的灵魂拴在一起,让他们白头偕老,永不分离。然后,主婚人又拿起4根较短的白线,分别拴在新婚夫妇的左右手腕上。接着,在座的其他老人亦纷纷拿起白线,分别拴在新婚夫妇的手腕上,祝福他们婚后幸福,生出儿子会犁田、盖房,生出姑娘会织布、栽秧……

关于拴线来历的传说是很多的,其中有的说:古时有个穷孩子在王宫里当仆人,一天公主问他:"以后我会嫁给谁呢。"穷孩子直言不讳地说:"你会嫁给我的。"公主认为这是对她的侮辱,就拾起一把小刀向小仆人砸去,小仆人的额头被砍伤了,从此他被赶出了宫廷。几年之后,这个穷孩子几经周折,成了一个国家的国王。不久两国

第九章 绚丽多彩的民族风情

联姻,那个国家的公主嫁给了这个国家的国王。当公主发现夫王头上的伤疤时,悔恨万分,当即向夫王道了歉。为了表达他们之间坚贞、纯洁的爱情,就请德高望重的大臣用洁白的棉线把他俩的手腕拴起来,表示他们已把灵魂和心拴在一起,永不分离。

"上门"与男女平等。从妻居是傣族传统的习俗。过去,丈夫到妻家上门,一般需要3年。满3年后,经男方父母提出要求,女方父母同意,方能携妻到自己父母家住。女方在男方家住满3年后,夫妻俩再到女方父母家居住,由此循环往复,直到另立门户或继承了某一方的财产为止。现在情况有了变化,如果男方是独生子,家里缺乏劳动力,经男方家长提出要求,可以提前把妻子接到婆家,甚至婚后7天就可以接走了。如果男方家里劳动力充足,而女方是独生女,家里缺乏男劳力,男方可以长期从妻居,但这已不算"上门",而是这一家的顶梁柱了。一般来说,男女青年结了婚,生了孩子,都喜欢与父母分开,另立门户。

夫妻中若有一人先死,未亡之人无论年纪多大,都要在给死者举行葬礼的时候,举行与死者断绝关系的仪式。如:有的用绳子拴在棺材或包裹遗体的白布上,由老人把绳子剪断;有的用一对蜡条放在死者的棺材上,把棺材送到楼梯口,以表示和死者断绝了一切关系,愿改嫁或再娶的,均可如愿,没有任何人刁难和歧视。

傣族的家庭一般是和睦的,在村寨里很少看见夫妻吵架和父母打骂孩子的现象。这有两方面的原因,一是因为傣族信奉佛教,一向都有尊老爱幼、夫妻恩爱的良好风尚。二是由于夫妻的经济是独立的,谁也支配不了谁。一旦双方感情破裂,女方可携带自己的财产回娘家。同样,上门的丈夫也可携带自己的财产回自己父母家。儿女长大后,可以单独饲养家禽、牲畜,栽种水果,收入归自己。长子长女结婚后,一般都要另立门户,由幼子或幼女同父母居住,父母年老后主要由他们赡养,父母去世后财产由他们继承,其他

第九章　绚丽多彩的民族风情

人不会来争。

值得倡导的丧葬习俗

傣族传统的葬法是土葬，也有火葬，现已全改为火葬，不立碑，不留骨灰，不占土地。

昔日等级森严的葬法。新中国成立以前，由于傣族内部有严格的等级观念，不同等级的人葬法也不同。等级高的人和百姓中的德高望重者实行火葬，一般的平民百姓实行土葬。土葬也有等级区别，召勐、头人、僧侣、召庄、百姓各有各的墓地。头人墓地叫"坝尖"，僧侣的墓地叫"坝教"，其他等级的墓地叫"坝消"。不同等级的人葬在不同的墓地内，不能混葬。每个等级的墓地又分为成人、儿童两种墓地，成人和儿童分葬在不同的地方。还有一种叫"坝消先批"的乱坟场，是专葬那些非正常死亡的人。家里死了人，要向亲戚朋友报丧。报丧的人要背上一些米，到亲戚朋友家后，把米撒在楼梯上，站在楼下向楼上报丧。按照古老的习俗，到外寨报丧的人只能站在寨子外边,托路人将死讯报入寨内,传给死者的亲友。

死者的家人要及时给死者沐浴更衣。病人断气后,他的子女和近亲要将他的遗体靠在一棵叫"骚浪乃"(即靠近火塘的一棵中柱)的中柱上,使其背靠中柱坐牢,不让其左右摇摆,否则就不吉利。接着用温水给死者沐浴,并用生白布缠裹遗体。生白布一般都要两段,第一段叫"裴多倒"(人倒布),约四五尺长。这段布一半垫在死者的背部,然后将布头倒折蒙住死者的头与脚,同时在眼、鼻、口相对应的布上剪孔,让眼、鼻、口露在布孔之外。将死者的双手置于胸前,并将5对蜡条置于其手掌之下,再用第二段生白布将尸体包裹起来,用棺木或竹笆装殓。

傣语说:"晚陇抱些宰,晚来抱些影。"意为"陇"日不能给男死者出殡,"来"日不能给女死者出殡。就是说,送葬是需择良辰吉日的。凡是日子不好的都不能出殡。一般情况下,百姓停尸一二天,头人等级可多停尸几天。一旦遇到忌日

第九章 绚丽多彩的民族风情

就得延长停尸时间,有时尸体腐烂了也出不了殡。停尸期间,需请僧侣诵经为死者超度亡灵,指引其亡灵升天,以免误入地狱。停尸期间,家人必须关魂,关魂时,家人把自己的帽子、包头巾全拿下来投入捕鱼用的网兜里,放在屋里罩着,以关住活人的灵魂,不让死者将其带走。出殡那天,家人要把竹楼彻底打扫一遍,搬掉火塘上的铁三脚架,把余烬清扫干净。死者生前常用的物品,均需清理出来火化或扔进江河里。还要准备一口砂锅、一个三角形的布袋,装上各种种子准备送到墓地。出殡时,寨内寨外的亲友、乡亲都会主动来帮忙。提砂锅及三角布袋的人先行,到墓地后立刻返回家,重新安放铁三脚架,点燃火塘里的火。送殡结束后,还要请僧侣诵"芒嘎拉"经,送走家神家鬼。

为热恋中的青年死者送葬时,抬棺材的人要将棺材往树干上撞击一下,并祷告说:"这就是你心爱的人,你就带上它一起走吧!"据说如果不这样做,死者的灵魂就会回来找他(她)生前的恋人，使其生病。如果出现孕妇死亡的现象，必须对其尸体进行解剖，将腹内婴儿取出葬于儿童墓地，孕妇尸体葬于成人墓地。对那些非正常死亡者的尸体，一般不准抬进寨来，也不能和病故者同葬于一个地方，只能埋在乱坟地"坝消先批"之内。

新中国成立以来，傣族的丧葬习俗已大有改变。随着人的等级的消失，墓地的等级也随之消失了。土葬已改为火葬，不留骨灰，不立碑，不占地。有的刚把甲的骨灰埋下几天，又有人将其骨灰挖掉，埋下乙的骨灰。这种情况屡见不鲜，并没有人不理解，更没有为此而发生争执的现象。傣族的这种优良的丧葬习俗是值得提倡的。

傣族的人名姓氏

傣族有名而无姓，只是以"岩""玉"两字来区分男性和女性，凡是以"岩"字当头的，全是男性；以"玉"字当头的全是女性。

傣族名字的取法。男子有乳名、僧名、还俗

第九章 绚丽多彩的民族风情

名,有孩子后改称"××之父";女子结婚前用乳名,生孩子后改称"××之母";县、乡、村级干部则在地名的前面加上本人的官名,如:"县长勐腊"(即勐腊县县长)、"镇长勐遮"(即勐遮镇镇长)。一个人的名字是依他生活阶段的变化而变化的。乳名一般是以人的排行顺序、傣文字母排列的顺序、出生的时间地点、出生时遇到的重大事件、金银珠宝和花草树木的名称、自然环境以及人的高矮、胖瘦来取的。

按排行顺序取名的有岩温(长子或性格温顺的人)、岩三(第三个儿子)、玉岗(中间的女儿)、玉腊(最小的女儿)等;按出生时间取名的有"岩炳"(月中生的男孩)、"岩纳"(月末生的男孩)等;以金银珠宝的名称取名的有"玉罕"(金子姑娘)、"玉恩"(银子女郎)、"岩叫"(玻璃男孩)、"岩相"(玉石男孩)等;以动物名称取名的有"岩畲"(虎娃)、"岩醒"(麒麟娃)等;以花草树木名称取名的有"玉沾"(缅桂花姑娘)、"玉波"(莲花女)等;以重量单位取名的有"岩甩"(有"甩"重的男孩)、"玉甩"等。

由于乳名是按照以上的方式取的,故傣族群众中同名的人很多。为了区别同名的人,就出现了在人名下面加上地名、所处环境以及人的高矮胖瘦来区分同名人的称呼方法,如:"岩温龙"(大岩温)、"岩温岗"(中岩温)、"岩温囡"(小岩温)、"岩温南模"(井边岩温)、"岩温戈海"(榕树旁的岩温)等。

僧名与还俗名。傣族男童入寺为僧时,改用僧名。如:××人乳名叫岩炳,其僧名便称为"帕炳"。如:××人是贵族,乳名叫召炳,他的僧名可取"英达翁""波腊翁"等,"翁"表示是贵族子弟,平民百姓的男子出家,僧名就没有"翁"字。和尚升为二佛爷时,其僧名与和尚名基本相同,只是把"帕"改为"都","都炳""都英达翁"等。大佛爷升为高僧"祜巴",若其乳名叫"岩庄",其僧名就是"祜巴庄"。若"祜巴"的荣誉称呼是"松列",他的僧名就叫"松列龙庄"。僧侣还俗也有还俗名。"帕"还俗后叫"吉

第九章　绚丽多彩的民族风情

囡",若他的乳名叫岩光,还俗名就叫"吉囡光"。"都"还俗后叫"康朗",若他的乳名叫岩罕,他的还俗名就叫"康朗罕"。若"祜巴"以上高僧还俗,其还俗名叫"康朗厅"。一般来说,祜巴以上高僧是不还俗的,有的之所以还俗,是因为犯了某些教规教义、戒律而被迫还俗的,其还俗名"康朗厅"带有一定的贬义。

"刀"姓的由来。既然傣族是有名无姓的,为什么会有那么多的人姓刀呢?一种说法是,"刀"是从"道""岛""召"演化而来的。过去傣族贵族男子尤其是有一官半职的人,统称为"道"(有的写成"岛""召"),如:"道××"意为××先生;"召××"意为××地方之主。西双版纳第四任召片领称为"道陇健宰",第五任召片领称为"道两龙",第八任召片领称为"召坎勐"。"道"与"召"意思相同,"道"与"刀"音相近,可以说,"刀"是傣语"道"的音译。第二种说法是:"刀"是皇帝的赐姓。据说东汉时期,傣族首领到首都洛阳朝贡,皇帝见其无姓,就赐其一把宝刀,以"刀"为其姓。据《车里宣慰世系简史》记载,第一个姓刀的召片领是刀补瓦(道补瓦),他是1272年继位为第六任召片领的,至于他怎样把"道补瓦"改为"刀补瓦"的,无证可考。从第三十二任召片领刀金宝开始,所有的召片领都姓刀。新中国成立前西双版纳的许多头人取汉名时,均以"刀"为姓。后来,姓刀的人越来越多,人们就以为"刀"就是傣族的姓了。新中国成立后,傣族参加工作的人越来越多了,由于同名的人多,为了区别,他们所在单位的领导或学校里的老师就给他们取了汉名,叫"刀××"。

风味独特的傣菜

傣族地区地处热带、亚热带,气候湿热,其饮食结构是与当地的气候及自然环境相适应的。傣族风味食物以酸、辣、甜、香为主要特色,种类繁多。制作方法可分为烤、蒸、剁、腌、煮、炸、炒、凉、舂等,品种近两百。其中,以猪肉

第九章 绚丽多彩的民族风情

为主料,采用"碎片烤、碎肉蒸、酸肉烤"的方法烹制出来的菜肴,香甜鲜美,风味独特;以牛肉为主料,采用"烤干巴丝、剁肉花"的方法烹制出来的菜肴,别具一格;以鸡肉为主料,采用"包蒸、凉拌、碎烤"的方法烹制出来的菜肴,味道鲜美;以鱼为主料,采用"蒸鱼片、烤鱼片"的方法烹制出来的菜肴,肉质软,香味浓,味道更鲜。

用"烤"的方法烹制的菜肴有香茅草烤鸡、烤鱼、烤鳝鱼、烤竹鼠肉等几十种,其中又分为夹心、非夹心两种。香茅草是一种香料草本植物,用其叶、根为佐料来烤食物,具有独特的风味。将其叶放在鱼、肉和其他有腥味的食物里,能起到去腥调味的作用。香茅草夹心烤鱼的做法是:将鱼的鳞片去掉,用刀划开鱼背,去掉肠肚杂物,洗净;将切好的葱蒜、青椒、芫荽与盐拌拢,放进鱼肚里,将鱼肚合拢顺折,用二三片香茅草叶捆好,用竹片夹夹紧,放在火炭上烘烤;待烤鱼有8成熟时,抹上食用油,再烤5分钟左右,即可食用。这种菜肴具有喷香、酥脆的特点。其他烤肉与此相同。

用"蒸"的方法烹调的菜肴有叶包蒸猪肉、蕉叶包蒸脑花、蒸笋肉、蒸青苔蛋等几十种。蕉叶蒸脑花的做法是：制作时，将猪脑花、猪舌头刮洗干净，将猪脑花划成小块，将猪舌头剁细，与切细的葱、姜、大芫荽、野花椒、青椒、盐拌匀，分成若干份，每份放1片香茅草叶，用芭蕉叶包好装入甑子里蒸熟即可。这种菜肴呈乳白色并带有灰色，质地软嫩，滋味酸甜。

用"剁"的方法烹制的菜肴有猪肉、牛肉、鱼、蛙肉剁生等几十种。凡是肉、鱼类，均可做剁生。"剁生"是傣族的下酒名菜，具有香甜可口、滋味酸辣的特点。如牛肉剁生：将鲜牛肉剁细，与切好的葱、蒜、芫荽、大元荽、野花椒、辣椒面、盐拌匀，再放入柠檬水，调匀；将生猪皮刮洗干净后，放在火炭上烧，待它变得乳白、透明时取出，切成薄片放进剁肉里拌和就可以食用了。"剁生"的味道是鲜美的，但它也有致病

第九章　绚丽多彩的民族风情

的弱点，因是生吃的，不符合卫生要求，若动物身上有病源，人吃了就易染上病。近年来，傣家人已渐渐改用七成熟的肉做剁生了。

用"腌"的方法烹制的菜肴有腌牛脚筋、腌黄牛皮、腌猪头猪脚、腌鱼等几十种。如腌牛头牛脚筋，制作时，将黄牛的头、脚用开水一烫，把毛刮去后放在火塘上烧透，然后放入大盆里用水泡，再用小刀刮洗干净，砍成小块，放进大铁锅里煮烂；将煮烂的牛头牛脚放凉，剔掉骨头，切成8厘米长、2厘米厚的条状，装入大盆里，用淘米水浸泡3小时后捞出来，再用冷水淘洗干净，滤干，将红辣椒切细，加入适量的盐，与舂细的姜、蒜和牛头皮、牛筋拌拢，装入瓦罐内封好，半月后即可食用。这种菜肴呈乳黄色，质地软嫩，滋味酸香，清凉可口，是傣族的下酒名菜之一。

用"煮"的方法烹制的菜肴有酸笋煮鸡肉、酸笋煮鱼、煮三鲜汤等；用"炸"的方法烹制的菜肴有油炸牛皮、鸡蛋煎苦凉菜等；用炒、舂、凉拌的方法烹制的菜肴也各有几十种。此外，傣菜中，还有鲜花、昆虫菜肴，素荤汤菜，藻类、酱类食品和各种糯米制品。

参考文献

1. 江应樑. 傣族史 [M]. 四川民族出版社, 1983.

2. 国家民委民族问题五种丛书《傣族简史》编写组. 傣族简史 [M]. 云南人民出版社, 1985.

3. 郑晓云. 郑晓云学术研究文集（2006—2011）[M]. 中国社会科学出版社, 2012.

4. 黄惠焜. 从越人到泰人 [M]. 云南民族出版社, 1992.

5. 王懿之, 杨世光. 贝叶文化论 [M]. 云南人民出版社, 1990.

6. 高立士. 高立士傣学研究文选 [M]. 云南民族出版社, 2006.

7. 征鹏．西双版纳佛教［M］．云南民族出版社，2012.

8. 张公瑾．傣族文化研究［M］．云南民族出版社，1998.

9. 岩温扁，岩林译．傣族古歌谣［M］．中国民间文艺出版社，1981.

10. 岩峰，王松，刀保尧．傣族文学史［M］．云南民族出版社，1995.

11. 郑晓云．岩峰学术论文集［M］．云南民族出版社，2007.

12. 西双版纳文联．甲子丰碑——西双版纳巨变［M］．内部资料，2013.

13. 西双版纳州政协文史委员会．车里宣慰世系简史［M］．内部资料，1987.

14. 何少林，白云．中国傣族［M］．宁夏人民出版社，2012.

15. 罗廷振，岩罕，张永和，吴显能．西双版纳傣族原始宗教［M］．西双版纳州政协，内部资料，2017.

16. 岩温扁译. 巴塔麻嘎捧尚罗 [M]. 云南人民出版社, 1989.

17. 李拂一. 十二版纳志 [M]. 云南大学西南研究丛书, 1955.

18. 征鹏, 杨胜能. 西双版纳风情奇趣录 [M]. 云南民族出版社, 1986.

19. 征鹏, 杨胜能. 新编西双版纳风物志 [M]. 云南人民出版社, 1999.

20. 征鹏. 西双版纳传说故事集 [M]. 中国民族摄影艺术出版社, 2005.

21. 刀正良, 征鹏. 西双版纳名典 [M]. 云南美术出版社, 2008.

22. 征鹏. 西双版纳傣族自治州概况(修订本) [M]. 民族出版社, 2008.

23. 征鹏. 傣族封建领主制研究 [M]. 中国文化出版社, 2012.

24. 方云琴, 征鹏. 南国情天 [M]. 人民文学出版社, 1988.

25. 岩温扁, 征鹏译. 傣族民间传说 [M].

中国旅游出版社,1983.

26. 征鹏,杨胜能.普洱茶漫话[M].云南科技出版社,2005.

27. 西双版纳傣学研究会.傣泐古村落文化研究[M].中国文化出版社,2014.

28. 朱德普.文山州傣族历史文化琐记[J].民族调查研究,1992(3、4).

29. 国家民委民族问题五种丛书《傣族社会历史调查》1-10卷。

30. 侯祖荣著,西双版纳州傣学研究会编.柯树勋·李拂一传[M].云南科技出版社,2012.

31. 詹英培.普洱茶原产地西双版纳[M].云南科技出版社,2007.

32. 郑晓云.当代云南傣族简史[M].云南人民出版社,2012.